AF559129

Gennaros CUCINA POVERA

Fotos von David Loftus

Ins Deutsche übertragen von Dr. Katrin Korch

ARS VIVENDI

INHALT

Einleitung	6
REIS, POLENTA UND GETREIDE	10
BOHNEN UND HÜLSENFRÜCHTE	28
BROT	40
KARTOFFELN	58
EIER	70
PASTA	84
GEMÜSE	112
FLEISCH UND FISCH	136
TARTES, GEBÄCK UND DESSERTS	166
Register	188
Dank	192

EINLEITUNG

Cucina povera, auch *Cucina rustica* genannt, bildet die Grundlage all unserer italienischen Lieblingsgerichte. Mit dieser Art zu kochen bin ich aufgewachsen und so koche ich heute noch. Ihren Ursprung hat die Küche in ländlichen Regionen. Dort wurden Mahlzeiten aus den Zutaten kreiert, die zur Verfügung standen. Man nutzte das, was man selbst anbaute, und kaufte das Wenige zu, was man sich leisten konnte. Auf diese Weise lernten Menschen schätzen, was sie besaßen, und bereiteten ihre Speisen mit viel Liebe, Kreativität und Fantasie zu – so schmeckten sie am besten!

Die Jahreszeiten spielten eine wichtige Rolle, denn in jeder Region Italiens gab es zu gewissen Zeiten im Jahr eine große Fülle bestimmter Produkte. Deshalb mussten die Menschen kreative Wege finden, um sie zu verarbeiten. Ein Überangebot wurde niemals verschwendet, sondern haltbar gemacht, damit man sich das ganze Jahr über daran erfreuen konnte. So kam man auf die Idee, Fisch einzusalzen oder Fleisch zu räuchern. Noch heute gibt es in italienischen Feinkostläden ein großes Angebot an geräucherten Fleischwaren. Ein Zuviel an Gemüse legte man in Öl ein, und das Einkochen und Abfüllen der letzten Tomaten des Sommers oder das Trocknen der Früchte in der Sonne waren geläufige, jährliche Rituale in den meisten italienischen Familien.

Pasta, einfach aus Mehl und Wasser zubereitet, spielt in der bäuerlichen Küche eine wichtige Rolle. *Orecchiette* aus Apulien oder *Trofie* aus Ligurien bilden die Grundlage für viele köstliche Gerichte, die mit der Zeit auch über Italien hinaus Bekanntheit erlangten. Pasta war im Süden traditionell ein Hauptbestandteil der Küche, während man im Norden eher Reis und Maisgrieß aß. Von dort stammen Risotto sowie cremige und gebackene Polenta.

Brot, das wir heutzutage als selbstverständlich hinnehmen, zum Frühstück oder als schnelles Sandwich zur Mittagszeit, war in Italien immer ein Grundnahrungsmittel. Eine italienische Mahlzeit ohne Brot auf dem Tisch ist nicht komplett, und auch in Rezepten kommt es zum Einsatz: Altbackenes Brot wird niemals weggeworfen, sondern verwertet – denken Sie an den toskanischen Panzanella-Salat, der mit Olivenöl beträufelt und mit Tomaten und Oliven zubereitet wird. Ein beliebtes Gericht in Apulien ist *Panecotto*, das in Brühe gekochtes altbackenes Brot enthält, manchmal auch etwas Gemüse. Viele Suppen werden mit Brot zubereitet – die toskanische *Ribollita* oder die *Pappa al pomodoro*, um nur zwei zu nennen. Jede Region kennt ihre eigene Version.

Brot wird auch als Füllung für Gemüse verwendet oder in Hackmasse für Fleischbällchen gemischt, um einen Teil des Fleisches zu ersetzen. Auf Sizilien streut man als Ersatz für Käse sogar Semmelbrösel über seine Pasta.

Immer wenn ich altbackenes Brot habe, mache ich Semmelbrösel daraus. Ich bewahre sie in Dosen auf, um sie zum Panieren von Fleisch oder Fisch zu verwenden oder um damit Aufläufe oder Pasta zu bestreuen. Auch Brotteigreste landeten niemals im Müll. Die Pizzabäcker aus Neapel belegten sie mit Tomatensauce und Käse, was man in der Gegend als *Diavulilli* oder *Angiolilli* kennt.

In ganz Italien tragen Rezepte oft den Beinamen *scappati* oder *fuggiti*, was »entkommen« bedeutet – das bezieht sich auf ein bestimmtes Fleisch oder einen bestimmten Fisch, der auf magische Weise »ausgebüxt« ist; das bedeutet, er war einfach zu teuer und wurde deshalb nicht verwendet.

Wenn man sich die Venusmuscheln für die *Spaghetti alle vongole* nicht leisten konnte, aber die restlichen Zutaten vorrätig hatte, sagte man in Neapel, dass die Vongole »entkommen« waren! Es gibt ein Rezept für Meeresfrüchte-Pasta aus Castellamare di Stabia, das *Pasta con i sassi* genannt wird, für das man Kiesel aus dem Meer nahm, um das Nudelwasser zu salzen – ich kann nur annehmen und hoffen, dass die Steine vor dem Servieren wieder entfernt wurden!

Aus günstigeren Fleischstücken und Innereien kreierte man oft wundervolle Gerichte – denken Sie nur an die lang geschmorten Ragouts und Eintöpfe. Innereien wurden oft sehr günstig verkauft oder sogar vom Metzger umsonst abgegeben, während er das Fleisch an Wohlhabendere verkaufte. Sie wurden zu Gerichten wie dem scharfen *Soffritto napoletano* verarbeitet, bei dem Kräuter und Chili den Geschmack überdecken; *Trippa* (Kutteln) werden in ganz Italien zu unterschiedlichen Speisen verarbeitet, und auch im *Fegato alla veneziana* aus Venedig stecken Innereien, nämlich Leber. Kein Teil des Tieres wurde jemals weggeworfen, aus Schweineblut wurde sogar Schokolade gemacht. Viele dieser Gerichte werden heute noch gekocht und sind inzwischen echte Delikatessen.

Fisch hat man meist getrocknet und gesalzen, um ihn längere Zeit aufbewahren zu können. *Baccalà* (gesalzener Kabeljau) oder *Stoccafisso* (luftgetrockneter Kabeljau) sind gute Beispiele. Die ehemaligen Arme-Leute-Gerichte sind heute sehr beliebt, teuer und gehören zu den Speisen derjenigen, die genug Geld dafür ausgeben können. Gepökelter Fisch ist eine Delikatesse, die man vor allem zu Weihnachten genießt. *Baccalà* wird auf unterschiedliche Weise in allen Regionen Italiens verzehrt. In Venedig wird er in Milch gegart, mit Olivenöl und Knoblauch zu einer cremigen Konsistenz eingekocht und dann auf gebackener Polenta serviert. In Ligurien wird er mit Kartoffeln gekocht und in Neapel in einer Tomatensauce.

Bohnen und Hülsenfrüchte spielen in der italienischen Küche ebenso einen wichtigen Part, was wahrscheinlich auf die Zeiten zurückgeht, als Fleisch unerschwinglich war. Die Italiener lieben dickliche Suppen und Pastagerichte auf Bohnenbasis, und jede Region hat ihre eigene Spezialität, die aus regional angebauten Hülsenfrüchten sowie aus weiteren in dieser Gegend beliebten Zutaten gekocht wird. Bohnen und Hülsenfrüchte sind eine hervorragende Proteinquelle, sie sind preiswert und können für wirklich schmackhafte Gerichte verwendet werden.

Die schiere Einfachheit und Köstlichkeit dieser meist einfachen Gerichte erstaunt mich immer wieder. Sie geben einen guten Einblick in den Einfallsreichtum der einst armen Leute in Italien. In den letzten Jahren ist diese Art des Kochens wieder sehr in Mode gekommen und heute können solche Gerichte in den besten Restaurants bestellt werden, die oft hohe Preise dafür verlangen. Die Tatsache, dass die Rezepte der *Cucina povera* zu Hause ebenso wie in Spitzenrestaurants gekocht werden, zeigt, dass die armen Italiener von einst tatsächlich sehr gut gegessen haben!

Ich hoffe, Sie kochen einige meiner Lieblingsrezepte der *Cucina povera* in diesem Buch nach und genießen sie – einige stammen aus meiner Heimatregion Kampanien, manche aus Nord- und Süditalien sowie von den Inseln. Jedes Rezept erzählt eine Geschichte, und alle zusammen bilden das dichte Netz, das die Esskultur meines geliebten Landes ausmacht. Ich habe versucht, die Rezepte so einfach wie möglich zu machen, mit leicht erhältlichen Zutaten. Manche brauchen ein wenig Zeit, aber die meisten können auch Hobbyköche schnell und einfach nachkochen.

Buon Appetito!

REIS, POLENTA UND GETREIDE

CHISCIOL

Buchweizen-Pfannkuchen mit Käse

Für dieses Rezept der *Cucina povera* aus der Alpenregion von La Valtellina in Norditalien werden traditionell regionale Zutaten wie Buchweizen, Grappa und die Käsesorte *Casera* verwendet. Ich habe den Grappa durch Weißwein ersetzt, aber wenn Sie diesen scharfen Schnaps vorrätig haben, verwenden Sie ihn. Als Käse habe ich Greyerzer genommen, aber Sie können auch Comté oder einen reifen Cheddar nehmen. Backen Sie am besten in einer Pfanne mit schwerem Boden, so wird die Unterseite schön knusprig und die Füllung mit dem geschmolzenen Käse cremig-weich. Servieren Sie als sättigende Mahlzeit pro Person einen Pfannkuchen und dazu einen gemischten Salat. Buchweizen enthält viele Nährstoffe und ist glutenfrei (das andere hier verwendete Mehl jedoch nicht).

Für 4 große gefüllte Pfannkuchen
150 g Buchweizenmehl
100 g Weizenmehl (Type 00)
1 Prise Meersalz
50 ml Weißwein
Butter zum Braten
200 g Greyerzer, in dünne Scheiben geschnitten

Beide Mehlsorten mit dem Salz in eine Schüssel sieben und mit dem Wein verquirlen, dann nach und nach 350 ml Wasser unterrühren, bis ein nicht zu flüssiger, klümpchenfreier Teig entsteht. Die Schüssel abdecken und den Teig 10 Minuten ruhen lassen.

Eine kleine Pfanne (etwa 20 cm Ø) bei mittlerer bis hoher Temperatur erhitzen. Wenn sie heiß ist, mit etwas Butter einfetten. Eine Kelle Teig hineinfüllen und ungefähr 30 Sekunden backen, dann ein paar Käsescheiben darauflegen. Eine weitere Kelle Teig darübergeben und etwa 1 Minute weitergaren, bis die Unterseite goldgelb ist. Den Pfannkuchen mit einem Pfannenwender wenden und 2–3 Minuten weiterbraten, bis sich auf der Unterseite eine goldgelbe Kruste bildet und der Käse schön geschmolzen ist.

Auf einen Teller legen und warm halten, währenddessen aus dem restlichen Teig und Käse drei weitere Pfannkuchen backen. Heiß servieren.

TIMBALLO DI RISO

Reisauflauf

In Norditalien kommt oft Risotto auf den Tisch. *Timballo di riso*, auch als *Sartù* bekannt, ist jedoch ein typisch neapolitanisches Gericht aus dem 18. Jahrhundert. Damals galt Reis als langweiliges Arme-Leute-Essen, weshalb die neapolitanischen Köche am Hof ihn mit Fleisch, Käse und Gemüse verfeinerten und so einen gehaltvollen Auflauf kreierten, um den König zufriedenzustellen. Es hat funktioniert, und mit der Zeit entwickelte sich daraus ein großartiges Rezept für die Resteverwertung – Ragout, Gemüse, Käse, Schinken und was man sonst noch mag. Sogar übrig gebliebener Risottoreis kann dafür verwendet werden – einfach mit einer Béchamel- oder Tomatensauce sowie geriebenem Käse vermischen und überbacken.

Dies ist meine Version eines *Sartù napoletano*, aber Sie können dafür beliebige andere Zutaten nehmen. Sie können ihn in einer feuerfesten Form backen oder, wenn Sie sich trauen, in einer Kuchenform und ihn dann zum Servieren stürzen. Nehmen Sie dann aber eine Springform und fetten Sie sie gut ein. Seien Sie gewarnt, dies ist eine sehr gehaltvolle Mahlzeit. *Buon Appetito*!

4–6 Portionen

2 EL natives Olivenöl extra
1 kleine Zwiebel, fein gehackt
½ Stange Staudensellerie, fein gehackt
1 kleine Karotte, fein gehackt
200 g Rinderhackfleisch
2 EL Weißwein
400 g gehackte Tomaten (aus der Dose), glatt püriert, oder 400 g Passata
250 g Risottoreis
ca. 780 ml heiße Gemüsebrühe
100 g TK-Erbsen
25 g Butter, plus mehr für die Form
35 g geriebener Parmesan
1 EL Semmelbrösel, plus mehr für die Form
1 Kugel Mozzarella (125 g), abgetropft und grob gehackt
1 Bio-Ei, leicht verquirlt
Butterflöckchen zum Belegen

Für die Béchamelsauce

20 g Butter
20 g Mehl
250 ml Milch
Meersalz und schwarzer Pfeffer aus der Mühle

Das Olivenöl in einem großen Topf erhitzen, Zwiebel, Sellerie und Karotte hinzufügen und bei mittlerer Temperatur etwa 5 Minuten anbraten. Das Rinderhack untermischen und 7 Minuten bräunen. Den Weißwein hineingießen und einkochen lassen. Tomaten unterziehen, den Topfdeckel auflegen, die Temperatur reduzieren und das Ganze 40 Minuten köcheln.

Den Reis einrühren, eine Kelle heiße Brühe zugeben und bei mittlerer Temperatur kochen, dabei mit einem Holzlöffel umrühren, bis die Flüssigkeit absorbiert ist. Weiter auf diese Weise heiße Brühe zugießen, Kelle für Kelle, und unter Rühren etwa 17 Minuten

kochen, bis der Risotto *al dente* ist. Etwa 5 Minuten vor Ende der Kochzeit die Erbsen untermengen. Den Topf vom Herd nehmen und die Butter sowie die Hälfte des Parmesans unterziehen. Abkühlen lassen.

Den Backofen auf 180 °C (Umluft) vorheizen. Eine 25,5 cm große und 13 cm tiefe kugelförmige Kuchenform, Springform oder eine runde Auflaufform mit Butter einfetten und mit Semmelbröseln ausstreuen. Überschüssige Brösel abklopfen.

Während der Ofen aufheizt, die Béchamelsauce zubereiten. Die Butter in einem kleinen Topf zerlassen, vom Herd nehmen und das Mehl einrühren. Portionsweise die Milch zugießen und unterrühren. Den Topf wieder auf den Herd stellen und die Sauce bei mittlerer Temperatur unter ständigem Rühren dicklich einkochen. Vom Herd nehmen und mit etwas Salz und Pfeffer würzen.

Mozzarella, das Ei und die Hälfte der Béchamelsauce unter die Risotto-Mischung rühren.

Die Mischung gleichmäßig in die vorbereitete Form füllen und mit der restlichen Béchamelsauce bedecken. Die Semmelbrösel mit dem übrigen Parmesan mischen und auf der Sauce verteilen. Butterflocken darauflegen.

30 Minuten backen, bis sich auf der Oberfläche eine schöne goldbraune Kruste bildet. Aus dem Ofen nehmen, etwa 5 Minuten ruhen lassen und dann servieren.

MESCIUA

Ligurische Dinkel-Bohnen-Suppe

Dinkel, den man für diese dicke ligurische Suppe verwendet, ist eine alte Getreideart. Das Rezept dieser Suppe soll aus dem 14. Jahrhundert stammen und zur *Cucina povera* der nördlichen Regionen gehören. Die Mahlzeit ist proteinreich und wird hier mit Bohnen und Kichererbsen zu einem nahrhaften, herzhaften Essen. Zwar verwendet man traditionell getrocknete Hülsenfrüchte, die über Nacht eingeweicht werden müssen und länger zum Kochen brauchen, aber in meiner Version habe ich welche aus der Dose genommen, mit denen es genauso gut und viel schneller geht.

4 Portionen
120 g Perldinkel (Dinkelreis)
400 g Kichererbsen (aus der Dose)
400 g Cannellini-Bohnen (aus der Dose)
1 Zweig Rosmarin
2 EL natives Olivenöl extra, plus mehr zum Beträufeln
1 Zwiebel, fein gehackt
1 Handvoll glatte Petersilie, fein gehackt
1 EL Tomatenmark, mit etwas warmem Wasser angerührt
Meersalz und schwarzer Pfeffer aus der Mühle
geröstete Bauernbrotscheiben zum Servieren

Den Dinkel unter fließend kaltem Wasser waschen, mit ausreichend frischem Wasser in einen Topf geben, zum Kochen bringen und etwa 20 Minuten sanft köcheln lassen, bis er gar ist (die angegebene Garzeit auf der Packung beachten).

In der Zwischenzeit Kichererbsen und Cannellini-Bohnen mit der Flüssigkeit aus der Dose und dem Rosmarinzweig in einen zweiten Topf geben und erhitzen.

Das Olivenöl in einer kleinen Pfanne erhitzen und die Zwiebel sowie die Hälfte der Petersilie bei schwacher Hitze etwa 5 Minuten darin anschwitzen.

Gekochten Dinkel abseihen und mit Kichererbsen sowie den Cannellini-Bohnen vermengen. Tomatenmark und die Zwiebelmischung hinzufügen und mit etwas Salz und Pfeffer würzen. Den Rosmarinzweig entfernen. Mit etwas Olivenöl beträufeln, mit der restlichen Petersilie garnieren und mit gerösteten Bauernbrotscheiben servieren.

POLENTA CONCIA AL FORNO

Polenta-Käse-Auflauf

Polenta war in Norditalien seit jeher Grundnahrungsmittel, und in bäuerlichen Gegenden war das Maismehl oft das einzig erhältliche. Natürlich haben sich die Zeiten geändert, aber Polenta bleibt ein klassisches und beliebtes Gericht, vor allem in den nördlichen Bergregionen, wo ein dampfender Teller mit Polenta im Winter immer willkommen ist. *Polenta concia* ist der Name für mit Käse vermischte Polenta. Sie können sie sofort essen oder, damit sie noch schmackhafter wird und eine knusprige Kruste bekommt, im Ofen überbacken. Um der Polenta beim Kochen mehr Geschmack zu verleihen, gebe ich gern ein paar Würfel Gemüsebrühe (je 28 g) ins Wasser, aber Sie können auch einfach nur Wasser nehmen und später mit Salz würzen.

Dieses herzhafte Gericht kann man als Hauptspeise oder Beilage zu einem Eintopf genießen. Es eignet sich auch gut, um Käsereste aufzubrauchen – unten finden Sie Beispiele für Käsesorten, die ich hier gern verwende, aber Sie können nehmen, was gerade vorrätig ist. Als ich das Rezept ausprobierte, habe ich Parmesan, Cheddar und Gouda genommen, weil diese Sorten gerade in meinem Kühlschrank lagen.

4–6 Portionen

40 g Butter, plus mehr für die Form
1,2 l Gemüsebrühe oder Wasser
300 g Instant-Polenta
320 g gemischter Käse (z. B. Parmesan, Pecorino, Fontina, Cheddar, Gouda, Greyerzer, Gorgonzola), gerieben oder sehr klein gewürfelt
Meersalz (nach Belieben)
4 Salbeiblätter

Den Backofen auf 180 °C (Umluft) vorheizen. Eine Auflaufform mit etwas Butter fetten.

Die Brühe in einem großen Topf zum Kochen bringen. Die Temperatur auf mittlere Stufe reduzieren und nach und nach die Polenta einrieseln lassen, dabei gut umrühren, damit sich keine Klümpchen bilden. Dann unter Rühren etwa 3–5 Minuten garen (bzw. die Kochzeit je nach Packungsangabe anpassen), bis sie glatt und cremig ist. Den Topf vom Herd nehmen und die Hälfte des Käses einrühren. Mit etwas Salz würzen, falls nötig (wenn Wasser statt Brühe verwendet wurde).

Die Hälfte der Polentamasse gleichmäßig in der Auflaufform verteilen, mit dem restlichen Käse bestreuen und mit der übrigen Polenta bedecken. In einer kleinen Pfanne die Butter mit den Salbeiblättern bei schwacher bis mittlerer Temperatur zerlassen, dann auf die Polenta gießen.

Etwa 20 Minuten goldbraun backen. Aus dem Ofen nehmen und sofort servieren.

CALZAGATTI

Polenta mit Bohnen

Wie dieses traditionelle Bauerngericht aus Modena in der Emilia Romagna zu seinem Namen gekommen ist, ist eine lustige Geschichte: Demnach hat eine Dame Polenta und Bohnen separat zubereitet, und als sie beides zu Tisch bringen wollte, ist sie über ihre Katze gestolpert. Dabei fielen die Bohnen in die Polenta. Ich weiß nicht, was daran wahr ist, aber Polenta mit Bohnen ist ein sehr sättigendes Gericht. Ich habe getrocknete Bohnen verwendet, aber Sie können auch welche aus der Dose nehmen. Man kann dieses Gericht auf drei verschiedene Arten zubereiten und servieren: als cremige Polenta oder in Scheiben geschnitten, die man entweder braten oder grillen kann. Alle drei sind köstlich, aber ich brate die Scheiben am liebsten.

4 Portionen

200 g getrocknete Borlotti-Bohnen, über Nacht in kaltem Wasser eingeweicht, oder 800 g Borlotti-Bohnen (aus der Dose)
natives Olivenöl extra zum Braten
2 Knoblauchzehen, leicht zerstoßen, aber noch ganz
60 g Bauchspeck, gewürfelt
2 kleine Zweige Rosmarin
Meersalz und schwarzer Pfeffer aus der Mühle
200 g Instant-Polenta
20 g geriebener Parmesan

Die eingeweichten Borlotti-Bohnen abgießen und abspülen, mit ausreichend kaltem Wasser in einen Topf geben. Aufkochen und in etwa 40 Minuten weich garen (Packungsangabe überprüfen). Abseihen und dabei das Kochwasser auffangen. Verwenden Sie Bohnen aus der Dose, diese abseihen und das Einlegewasser aufheben.

4 EL Olivenöl in einer Pfanne erhitzen, den Knoblauch darin bei mittlerer Temperatur etwa 1 Minute anschwitzen, dann den Bauchspeck hinzufügen und unter Rühren etwa 5 Minuten bräunen. Bohnen und Rosmarin hinzufügen, mit etwas Salz und Pfeffer würzen und kurz erhitzen. Die Pfanne vom Herd nehmen und den Knoblauch entfernen.

Für die Polenta das Bohnenwasser (Sie brauchen 800 ml, ggf. mit Wasser auffüllen) in einen Topf gießen und aufkochen. Die Polenta nach und nach einrühren, damit sich keine Klümpchen bilden. Unter Rühren etwa 3–5 Minuten garen (ggf. Packungsangabe beachten). Den Topf vom Herd nehmen, dann den geriebenen Parmesan und die Bohnenmischung unterrühren. Die Rosmarinzweige entfernen.

Die Polenta kann gleich verzehrt werden oder man füllt sie in eine mit Frischhaltefolie ausgelegte Kastenform mit 2 l Fassungsvermögen und lässt sie mindestens 1 Stunde abkühlen. Dann aus der Form stürzen und in 2,5 cm dicke Scheiben schneiden. Diese bei hoher Temperatur in etwas Olivenöl 2 Minuten von jeder Seite anbraten oder im Backofengrill auf höchster Stufe von jeder Seite goldbraun und schön knusprig backen. Heiß servieren.

RISO E LENTICCHIE

Reis mit Linsen

Dieses glutenfreie Gericht ist im Nu zubereitet und sättigt auf wunderbare Weise. Wenn Sie sich vegetarisch ernähren, lassen Sie den Pancetta einfach weg und achten darauf, dass der Käse vegetarisch ist. Wenn Sie keinen Staudensellerie bekommen, keine Sorge, dann nehmen Sie stattdessen Karotten, und wenn Sie keine frischen Tomaten haben, können Sie sie durch Dosentomaten ersetzen. Nach Belieben können Sie auch geriebenen Parmesan statt Pecorino verwenden oder etwas Olivenöl.

2–4 Portionen

250 g getrocknete braune oder grüne Linsen (z. B. Puy- oder Castelluccio-Linsen)
2 EL natives Olivenöl extra
50 g Pancetta, fein gehackt
1 Zwiebel, fein gehackt
1 Stange Staudensellerie, fein gehackt
1 Knoblauchzehe, leicht zerstoßen, aber noch ganz
2 reife Tomaten, fein gehackt
1,7 l Gemüsebrühe
250 g Arborio-Reis (nicht gewaschen)
1 Handvoll glatte Petersilie, fein gehackt
20 g geriebener Pecorino

Auf der Packungsanweisung der Linsen nachlesen, ob sie vorab eingeweicht werden müssen. Falls ja, diese über Nacht in reichlich kaltem Wasser einweichen, dann abtropfen lassen und sorgfältig abspülen. Andernfalls nur in ausreichend kaltem Wasser waschen.

Das Olivenöl in einem großen Topf erhitzen, den Pancetta und die Zwiebel hinzufügen und bei mittlerer Hitze etwa 3 Minuten dünsten. Sellerie, Knoblauch und Tomaten hinzufügen und 1 Minute mitbraten.

Brühe und Linsen in den Topf geben, alles zum Kochen bringen, dann die Temperatur reduzieren und das Ganze sanft köcheln lassen (die Garzeit auf der Packungsangabe beachten). Nach der Hälfte der Kochzeit den Reis einrühren und weiter offen köcheln lassen, bis der Reis und die Linsen gar sind. Das dauert insgesamt etwa 35 Minuten, je nach Linsensorte. Zum Schluss sollten die Linsen zart und der Reis *al dente* sein. Die Konsistenz sollte dick sein, etwas zwischen einer dicken Suppe und einem Risotto.

Den Topf vom Herd nehmen, die Petersilie und den Pecorino unterrühren und sofort servieren.

INSALATA DI FARRO

Dinkelsalat

Perldinkel erlebt derzeit ein Comeback. Mit etwas Gemüse und Käse vermischt, ergibt er einen schönen Salat. Er ist voller Nährstoffe und kann prima als Hauptspeise oder als Beilage gereicht werden. Wenn man ihn im Voraus zubereitet und erst am nächsten Tag verzehrt, schmeckt er sogar noch besser. Oder Sie servieren ihn zimmerwarm und beträufeln ihn kurz vorher noch mit etwas Olivenöl.

2–4 Portionen (2 als Hauptspeise, 4 als Beilage)
120 g Perldinkel
50 g grüne Bohnen, geputzt
100 g Brokkoliröschen
50 g gelbe Paprikaschote, geputzt und in feine Streifen geschnitten
80 g kleine Flaschentomaten, halbiert
natives Olivenöl extra zum Beträufeln
Meersalz und schwarzer Pfeffer aus der Mühle
85 g Provolone, fein gewürfelt
Abrieb von ½ unbehandelten Bio-Zitrone

Den Dinkel unter fließend kaltem Wasser waschen, mit frischem Wasser in einen Topf geben, zum Kochen bringen und etwa 20 Minuten sanft köcheln lassen, bis er gar ist (die angegebene Garzeit auf der Packung beachten). Abgießen, gründlich mit fließend kaltem Wasser abspülen und abkühlen lassen.

In der Zwischenzeit grüne Bohnen und Brokkoli nacheinander in kochendem Wasser etwa 5 Minuten blanchieren, sorgfältig abtropfen und abkühlen lassen.

Bohnen, Brokkoli, Paprikastreifen und Tomaten in eine Salatschüssel geben und mit 2 EL Olivenöl sowie etwas Salz und Pfeffer vermischen. Den gekochten Dinkel, den Provolone und den Zitronenabrieb untermengen und mit mehr Olivenöl beträufeln.

Sofort genießen oder abgedeckt bis zu 3 Tage im Kühlschrank aufbewahren, dann zimmerwarm mit etwas zusätzlichem Olivenöl beträufelt servieren.

RISOTTO ALLA ZUCCA

Kürbisrisotto

Kürbisrisotto gehört zu meinen Lieblingsspeisen, vor allem in der kälteren Jahreszeit, wenn Kürbisse Saison haben und überall erhältlich sind. Dieses Gericht aus der *Cucina povera* stammt aus dem bäuerlichen Norditalien, wo man Kürbis in großen Mengen anbaute und Reis zu den Grundnahrungsmitteln gehörte. Nehmen Sie eine Kürbissorte mit grüner, dicker Schale, falls möglich, aber mit Butternut lässt sich das Gericht auch zubereiten. Ich gebe gerne noch etwas Chili in den Risotto, um ihm einem gewissen Kick zu verleihen, aber das bleibt ganz Ihnen überlassen.

4 Portionen
4 EL natives Olivenöl extra, plus mehr zum Beträufeln
1 Stange Lauch, geputzt und fein gehackt
2 Zweige Rosmarin, Nadeln gehackt
½ rote Chilischote (nach Belieben), fein gehackt
450 g Kürbisfleisch (ohne Schale und Kerne gewogen), in kleine Stücke geschnitten
300 g Arborio-Reis
100 ml Weißwein
ca. 1,5 l heiße Gemüsebrühe
40 g geriebener Parmesan, plus mehr zum Servieren

Das Olivenöl in einem großen Topf mit dickem Boden erhitzen, Lauch hineingeben und bei mittlerer Temperatur ein paar Minuten anbraten. Rosmarin und nach Belieben Chili hinzufügen und 1 Minute mitbraten. Das Kürbisfleisch in den Topf geben, 1 Minute sautieren, dann sorgfältig den Reis einrühren.

Den Wein zugießen und das Ganze bei schwacher bis mittlerer Hitze köcheln, bis der Reis die Flüssigkeit absorbiert hat. Ein paar Kellen heiße Brühe hinzufügen und mit einem Holzlöffel umrühren, bis der Reis alles aufgenommen hat. Nochmals ein paar Kellen Brühe dazugeben und unter Rühren köcheln, bis sie aufgesogen ist. So ungefähr 17 Minuten fortfahren, bis der Risotto *al dente* ist.

Den Topf vom Herd nehmen, den Parmesan hinzufügen und alles mit einem Holzlöffel sorgfältig vermischen. Nach Belieben mit etwas Olivenöl beträufeln und mit zusätzlichem geriebenen Parmesan bestreuen. Sofort servieren.

GNOCCHI ALLA ROMANA

Überbackene Grießgnocchi

Dieses traditionelle römische Bauerngericht ist älter als die klassischen Kartoffelgnocchi und stammt aus einer Zeit, als Kartoffeln in Italien noch nicht erhältlich waren und man Grieß für Knödel wie diese verwendete. Dieses Gericht aus wenigen einfachen, aber sättigenden Zutaten ist in ganz Italien beliebt und bildet in seiner ganzen buttrigen und cremig-käsigen Köstlichkeit eine leckere Hauptspeise, die in der Familie bestimmt gut ankommt. Den Teig können Sie vorab zubereiten und formen, im Kühlschrank aufbewahren und nach Bedarf backen. Wenn Gäste zu Besuch sind, backen und servieren Sie die Gnocchi nach Belieben in kleinen Förmchen.

4–6 Portionen
1 l Milch
80 g Butter, plus mehr für die Form
7 g Meersalz
1 Prise frisch geriebene Muskatnuss
250 g Semolina (Hartweizengrieß)
2 Bio-Eigelb (Größe M)
100 g geriebener Parmesan
40 g geriebener Pecorino

Milch, 30 g Butter, Salz und Muskat in einem beschichteten Topf vermischen und bei mittlerer Temperatur zum Kochen bringen. Nach und nach den Grieß einrühren, bis alles gut vermischt und die Masse glatt ist. Mit einem Holzlöffel weiterrühren und bei schwacher Hitze etwa 5 Minuten köcheln, bis die Masse dicklich ist und sich von den Wänden des Topfes zu lösen beginnt. Den Topf vom Herd nehmen und die Eigelbe sowie den geriebenen Parmesan unterziehen.

Einen großen Bogen Backpapier auf die Arbeitsfläche legen und mit einem feuchten Spatel oder breiten Messer die Masse etwa 1 cm dick darauf verstreichen. Abkühlen lassen.

Den Backofen auf 180 °C (Umluft) vorheizen. Eine Auflaufform mit etwas Butter einfetten.

Mit einem runden Ausstecher mit 5 cm Durchmesser aus der abgekühlten Grießmasse Scheiben ausstechen. Diese leicht überlappend nebeneinander in die vorbereitete Form legen. Die restliche Butter zerlassen, über die Gnocchi gießen und mit dem geriebenen Pecorino bestreuen.

20–25 Minuten goldbraun backen. Aus dem Ofen nehmen und sofort servieren.

FARINELLA

Kichererbsen-Fritter mit Dinkel

Farinella enstammt dem bäuerlichen Leben Apuliens, wo die Bauern oft mit dem Mehl backen mussten, das sie gerade zur Verfügung hatten. Häufig war Dinkel das einzige Getreide, das sie zu Brot, Polenta, Keksen und anderem Gebäck verarbeiteten, aber sie streuten das Mehl auch über Gemüse und Saucen, um die Speisen damit anzureichern. Irgendwann zogen die Kichererbsen in Italien ein, und so vermischte man Dinkelmehl mit Kichererbsenmehl, um den Speisen weitere Nährstoffe und ein nussiges Aroma zu geben.

Farinella kochte man oft mit Wildkräutern aus der Gegend in einer Brühe zu einer polentaartigen Konsistenz ein. Reste ließ man über Nacht aushärten, schnitt sie in kleine Stücke und garte sie ähnlich wie Polenta auf dem Grill.

Meine Version der Farinella kann anstelle von Brot mit gepökeltem Fleisch und Käse serviert werden.

Ergibt 8–10 Stück
100 g Dinkelmehl
100 g Kichererbsenmehl
1 Prise Meersalz
Pflanzenöl zum Frittieren und für die Form
2 Zweige Rosmarin, Nadeln abgestreift, zum Garnieren
gepökeltes Fleisch und Käse zum Servieren

In einem Topf beide Mehlsorten und das Salz mischen, dann nach und nach 600 ml Wasser einrühren, bis eine glatte Masse entsteht. Bei mittlerer Temperatur unter Rühren etwa 5 Minuten dicklich einkochen. Den Topf vom Herd nehmen und die Masse 1 cm dick in eine leicht eingeölte flache große Form streichen und abkühlen lassen.

Mit einem runden Ausstecher mit 8 cm Durchmesser 8–10 Kreise ausstechen. Reichlich Öl in einer großen, tiefen Pfanne erhitzen, die *Farinella* hineingeben und etwa 3 Minuten von jeder Seite goldbraun frittieren (je nach Pfannengröße portionsweise braten). Herausnehmen und auf Küchenpapier abtropfen lassen.

Sie schmecken heiß oder kalt mit Rosmarinnadeln bestreut zu gepökeltem Fleisch und Käse.

BOHNEN UND HÜLSENFRÜCHTE

RIBOLLITA

Toskanische Bohnensuppe mit Brot

Für diese herzhafte toskanische Suppe kann man wunderbar Gemüsereste und altes Brot verwerten. Sie entstand aus der Notwendigkeit heraus, Mahlzeiten zu strecken und länger haltbar zu machen, daher die Zugabe von Brot. Wahrscheinlich war sie dazu gedacht, sie mehrere Tage nacheinander zu essen, worauf der Name *Ribollita* anspielt, was wörtlich »aufgewärmt« bedeutet. Aber wie bei allen Gerichten der *Cucina povera* macht der Trick, Brot in die Suppe zu geben und es darin ziehen zu lassen, sie noch gehaltvoller und aromatischer, gesünder und zudem superlecker.

Sie können dafür jede Art von Kohl, Frühlingsgemüse und Blattspinat sowie grundsätzlich alles an Gemüse nehmen, das Sie gerade vorrätig haben. Ich habe meine Version auf traditionelle Weise gekocht, mit getrockneten Bohnen, von denen man die Hälfte mit der Brühe püriert, wodurch die Suppe ziemlich dick wird. Man kann sie mit einer Gabel essen. Das Rezept ist etwas zeitaufwendiger und muss geplant werden, aber es lohnt sich, auch weil man sie im Voraus zubereiten und im Kühlschrank aufbewahren kann, um sie dann für mehrere Mahlzeiten aufzuwärmen.

4–6 Portionen

300 g getrocknete Cannellini-Bohnen, über Nacht in kaltem Wasser eingeweicht
2 EL natives Olivenöl extra, plus mehr zum Beträufeln
1 Knoblauchzehe, leicht zerstoßen, aber noch ganz
1 Zweig Rosmarin
1,7 l Gemüsebrühe, nach Bedarf etwas mehr
1 Zwiebel, fein gehackt
1 Stange Staudensellerie, fein gehackt
1 Karotte, fein gehackt
200 g reife Flaschentomaten, geschält und entkernt, oder Dosentomaten, grob gehackt
1 große Kartoffel, geschält, fein gewürfelt
200 g Weißkohl, grob gehackt
200 g Cavolo nero (Palmkohl), grob gehackt
200 g Mangold, grob gehackt
200 g altbackenes Brot, in Scheiben geschnitten
Chiliflocken zum Servieren

Die eingeweichten Bohnen abgießen und abspülen. In einem großen Topf 1 EL Olivenöl erhitzen. Knoblauch und Rosmarin bei mittlerer Temperatur etwa 1 Minute darin dünsten. Bohnen und Brühe hinzufügen und zum Kochen bringen. Die Temperatur reduzieren und das Ganze bei leicht geöffnetem Topfdeckel etwa 50 Minuten köcheln lassen, bis die Bohnen weich sind (Packungsangabe beachten).

Den Topf vom Herd nehmen und mit einem Schaumlöffel ungefähr die Hälfte der Bohnen herausnehmen und zur Seite stellen. Wenn die restlichen Bohnen in der Brühe abgekühlt sind, den Rosmarinzweig entfernen und die Mischung mit einem Pürierstab glatt pürieren. Zur Seite stellen.

Restliches Olivenöl in einem großen Topf erhitzen, Zwiebel, Sellerie und Karotte darin bei mittlerer Temperatur etwa 3 Minuten braten. Tomaten und Kartoffelwürfel hinzufügen und ein paar Minuten sautieren. Die Kohlsorten und den Mangold untermischen und etwa 1 Minute mitbraten, bis die Blätter zusammenfallen.

Die pürierte Bohnenmischung dazugeben, den Topfdeckel auflegen und bei schwacher Hitze etwa 45 Minuten köcheln, bis der *Cavolo nero* gar ist. Nach Bedarf noch etwas Wasser oder Brühe angießen. Die ganzen Bohnen einrühren und den Topf vom Herd nehmen.

Eine große Schüssel mit ein paar Brotscheiben auslegen, ein paar Kellen Suppe daraufgeben und so schichtweise fortfahren, bis das ganze Brot aufgebraucht ist. Zuletzt die restliche Suppe einfüllen. Mit Frischhaltefolie abdecken und abkühlen lassen. Dann für ein paar Stunden, am besten über Nacht, in den Kühlschrank stellen, damit sich die Aromen entfalten und das Brot in der Suppe aufweicht.

Zum Servieren alles in einen großen Topf geben und sanft erwärmen. In Suppenteller füllen, mit Chiliflocken bestreuen und mit Olivenöl beträufeln.

PANELLE

Sizilianische Kichererbsenschnitten

Die *Panelle,* die nur aus wenigen Zutaten angerührt werden, stammen aus der sizilianischen *Cucina povera.* Das Kichererbsenmehl ist sicher ein Erbe der arabischen Invasoren. Mit der Zeit haben sich diese köstlichen Schnitten zu einem beliebten Streetfood entwickelt, vor allem in Palermo, wo man an fast jeder Straßenecke den *Panellari* beim Frittieren zusehen kann. In der Regel werden die Schnitten in einem Brötchen als Snack serviert, Sie können sie aber auch in anderen Formen zubereiten und als kleine Antipasti mit Getränken oder anstelle von Chips genießen.

Ergibt ungefähr 8 Stück
250 g Kichererbsenmehl
10 g Salz
2 EL fein gehackte glatte Petersilie
Pflanzenöl zum Einfetten und Frittieren
frisch gepresster Zitronensaft zum Beträufeln
knusprige Brötchen zum Servieren

In einem Topf das Kichererbsenmehl mit dem Salz mischen. Nach und nach ungefähr 650 ml Wasser unterrühren, sodass ein glatter Teig entsteht. Diesen bei mittlerer Temperatur unter ständigem Rühren erhitzen. Nach etwa 3 Minuten sollte sich die Masse vom Topfrand lösen.

Dann den Topf vom Herd nehmen, die gehackte Petersilie unterziehen und die Masse mit einem Spatel oder Messer gleichmäßig auf einem leicht eingeölten Backblech verstreichen. Alternativ mit Frischhaltefolie abdecken und andrücken, sodass sie sich gleichmäßig verteilt. Vollständig abkühlen lassen.

Anschließend die feste Masse in ungefähr 8 Rechtecke teilen. Ausreichend Öl in einer tiefen Pfanne bei hoher Temperatur erhitzen. Wenn das Öl heiß ist, die Panelle etwa 2–3 Minuten darin frittieren, bis sie goldgelb sind. Herausnehmen und auf Küchenpapier abtropfen lassen.

Sofort mit etwas Zitronensaft beträufeln und in knusprigen Brötchen servieren.

MACCO DI FAVE

Dicke-Bohnen-Suppe

Dieses Gericht stammt aus der Römerzeit, als die in Griechenland angebauten Dicken Bohnen nach Italien gelangten und dort wegen ihrer Nahrhaftigkeit an Beliebtheit gewannen. Diese Suppe, die mit getrockneten Bohnen zubereitet wird, hat eine dicke Konsistenz und ist daher vor allem im Winter angenehm wärmend. Mit nur wenigen Zutaten, manchmal zusätzlich auch mit Nudeln zubereitet, war sie ein typisches Gericht für Landarbeiter, weil die Suppe alle Nährstoffe enthielt, die diese für die lange Arbeit auf den Feldern benötigten.

4 Portionen
500 g getrocknete Dicke Bohnen, über Nacht in kaltem Wasser eingeweicht
3 EL natives Olivenöl extra, plus mehr zum Beträufeln
1 Zwiebel, fein gehackt
1 Stange Staudensellerie, fein gehackt
1 Karotte, fein gehackt
600 ml Gemüsebrühe
Bauernbrot zum Servieren

Die eingeweichten Bohnen abgießen und abspülen.

Das Olivenöl in einem großen Topf erhitzen, die Zwiebel, den Sellerie und die Karotte hinzufügen und bei mittlerer Temperatur einige Minuten anbraten, bis sie weich sind. Bohnen und Brühe hinzufügen. Zum Kochen bringen, dann die Temperatur reduzieren und bei halb geöffnetem Deckel etwa 45 Minuten sanft köcheln lassen, bis die Bohnen gar sind. Dabei saugen sie einen Teil der Flüssigkeit auf, sodass die Suppe dicklich wird.

Den Topf vom Herd nehmen, die Suppe in Teller füllen, dann jeweils mit etwas Olivenöl beträufeln und mit Bauernbrot servieren.

ZUPPA DI LENTICCHIE

Linsensuppe

Dies ist ein leichtes Rezept, denn man muss einfach nur alle Zutaten in einen Topf geben und köcheln lassen – ein wunderbar sättigender Eintopf! Falls möglich, sollten Sie dafür kleine braune oder grüne Linsen verwenden. Um die Suppe zu verlängern oder wenn noch Reste übrig sind, können Sie etwas mehr Wasser und kleine Nudeln zu den anderen Zutaten geben.

2–4 Portionen
150 g getrocknete braune oder grüne Linsen, gewaschen
1 Stange Staudensellerie mit Grün, grob gehackt
1 Karotte, grob gehackt
1 Knoblauchzehe, leicht zerstoßen, aber noch ganz
1 Zweig Rosmarin
2 EL Tomatensauce oder Passata
1 EL natives Olivenöl extra, plus mehr zum Beträufeln
28 g gekörnte Gemüsebrühe (als Pulver oder Würfel)
1 mittelgroße Kartoffel, geschält und klein geschnitten
2 EL geriebener Parmesan

Alle Zutaten (bis auf den Parmesan) in einen Topf geben, 800 ml Wasser hinzugießen und zum Kochen bringen. Die Temperatur reduzieren und bei halb geöffnetem Topfdeckel etwa 25 Minuten sanft köcheln lassen, bis die Linsen und das Gemüse gar sind (zur Garzeit der Linsen die Packungsanweisung beachten).

Den Topf vom Herd nehmen und Rosmarinzweig sowie Knoblauch entfernen. Den geriebenen Parmesan unterrühren, die Suppe auf Teller verteilen und mit Olivenöl beträufeln.

CANNELLINI ALL'UCCELLETTO

Cannellini-Bohnen in Tomatensauce

Dieses traditionelle toskanische Essen ist einfach und schnell auf den Tisch zu bringen. Der Name *Uccelletto* (Vogel) legt verschiedene Theorien nahe: Entweder wurde dieses Gericht zu Wildvögeln serviert oder Knoblauch und Salbei, die hier verwendet werden, waren klassische Zutaten in Wildgerichten, oder aber die Bohnen sollten das Fleisch ersetzen. Was auch immer die Ursprünge dieses Rezepts sind, es ist eine schöne Beilage oder Hauptspeise. Es ist die gesündere italienische Version der britischen Baked Beans und schmeckt köstlich auf geröstetem Brot – dann aber bitte Bauernbrot nehmen!

Um Zeit zu sparen, können Sie die getrockneten Bohnen durch 800 g Cannellini-Bohnen aus der Dose ersetzen.

4 Portionen

250 g getrocknete Cannellini-Bohnen, über Nacht in kaltem Wasser eingeweicht
2 EL natives Olivenöl extra, plus mehr zum Beträufeln
8 frische Salbeiblätter
1 Knoblauchzehe, in feine Scheiben geschnitten
½ rote Chilischote, fein gehackt (nach Belieben)
250 g Tomatenpassata
Meersalz
4 Scheiben Bauernbrot

Die eingeweichten Bohnen abgießen und abspülen, dann mit ausreichend kaltem Wasser in einem Topf zum Kochen bringen und in etwa 40–50 Minuten weich garen (Packungsanweisung beachten). Abgießen und dabei ungefähr 100 ml Kochwasser auffangen.

Das Olivenöl in einem Topf mit dickem Boden erhitzen und 4 Salbeiblätter etwa 1 Minute knusprig anbraten, dann Knoblauch und Chili hinzufügen und kurz sautieren. Die Tomatenpassata sowie das aufgefangene Kochwasser dazugeben (falls Bohnen aus der Dose verwendet werden, den Saft plus 50 ml Wasser zufügen) und salzen. Die Temperatur reduzieren und bei leicht geöffnetem Topfdeckel 20 Minuten köcheln lassen.

Die Bohnen hinzufügen und weitere 5 Minuten köcheln lassen.

Kurz vor Ende der Garzeit die Brotscheiben rösten. In einer kleinen Pfanne etwas Olivenöl erhitzen und die restlichen Salbeiblätter bei mittlerer Temperatur etwa 1 Minute von beiden Seiten knusprig braten.

Die Bohnen auf Teller verteilen, die knusprigen Salbeiblätter darauflegen und mit Salbei-Öl beträufeln. Mit geröstetem Bauernbrot servieren.

FAVE E CICORIA

Dicke-Bohnen-Mus mit Blattgemüse

Dieses einfache Gericht stammt aus dem ländlichen Apulien, wo die beiden Hauptzutaten Dicke Bohnen und Spargelchicorée (auch Vulkanspargel genannt) überall zu bekommen sind. Mit etwas Olivenöl, Knoblauch und Lorbeerblättern aromatisiert, verkörpert diese köstliche Mahlzeit das Beste der alten *Cucina povera.* Wenn Sie bei Ihrem Gemüsehändler Löwenzahn bekommen, können Sie ihn auch verwenden. Vergessen Sie nicht, beim Spargelchicorée das Herz zu entfernen, das Sie dann für einen Salat nehmen können (siehe *Insalata di cuore di cicoria* auf Seite 129). Sie können stattdessen auch wilden Löwenzahn pflücken oder Stängelbrokkoli nehmen.

4–6 Portionen
400 g getrocknete Dicke Bohnen, über Nacht in kaltem Wasser eingeweicht
4 Lorbeerblätter
5 Knoblauchzehen, leicht zerstoßen, aber noch ganz
Meersalz und schwarzer Pfeffer aus der Mühle
600 g Spargelchicorée, Löwenzahn oder Stängelbrokkoli
4 EL natives Olivenöl extra, plus mehr zum Beträufeln
ein paar Scheiben Brot zum Servieren

Die eingeweichten Bohnen abgießen und abspülen. In einen Topf geben, mit kaltem Wasser bedecken, Lorbeerblätter und 3 Knoblauchzehen hinzufügen und zum Kochen bringen. Die Temperatur auf mittlere Stufe reduzieren und die Bohnen bei leicht geöffnetem Topfdeckel etwa 45 Minuten köcheln, bis sie weich sind. Den Topf vom Herd nehmen, die Lorbeerblätter und den Knoblauch entfernen, dann die Bohnen mit einem Pürierstab glatt pürieren. Mit Salz und Pfeffer würzen und beiseitestellen.

Die Blätter vom Spargelchicorée abzupfen und die Herzen für einen Salat aufbewahren. Die Blätter ein paar Minuten in einem Topf mit kochendem Wasser blanchieren, bis sie weich sind. Sorgfältig abtropfen lassen.

Das Olivenöl in einer großen Pfanne erhitzen, die übrigen 2 Knoblauchzehen hineingeben und 1 Minute braten. Das Blattgemüse hinzufügen und bei mittlerer bis hoher Temperatur 2–3 Minuten unter Rühren dünsten, dann mit Salz und Pfeffer abschmecken.

Die pürierten Bohnen noch einmal gut erwärmen. Die Knoblauchzehen aus dem Gemüse entfernen. Nach Belieben die Brotscheiben mit etwas Olivenöl beträufeln und zu Mus und Blattgemüse servieren.

BROT

TORTA SALATA PUGLIESE

Zwiebel-Oliven-Tarte

Eine *Torta salata* ist eine herzhafte Tarte, die es in vielen Variationen mit unterschiedlichen Füllungen gibt. Diese rustikale aus Apulien wird mit vielen Zwiebeln, Oliven und mit *Caciocavallo*, einem regionalen Käse, zubereitet. Da dieser oft nur schwer zu bekommen ist, habe ich eine Mischung aus Scamorza und Parmesan verwendet. Die Tarte schmeckt sowohl warm als auch kalt köstlich und kann sehr gut für unterwegs eingepackt werden.

6 Portionen

Für den Teig

500 g Vollkornweizenmehl (Type 1600), plus mehr zum Arbeiten
1 Pck. (7 g) Trockenhefe
1 TL Meersalz
50 ml Weißwein
2 EL natives Olivenöl extra, plus mehr für die Form

Für die Füllung

3 EL natives Olivenöl extra
750 g Zwiebeln, in feine Ringe geschnitten
4 Sardellenfilets (aus dem Glas)
120 g entsteinte schwarze Oliven
15 g Kapern
Meersalz
70 g Scamorza, fein gehackt
30 g geriebener Parmesan
schwarzer Pfeffer aus der Mühle

Für den Teig Mehl, Hefe und Salz in einer großen Schüssel mischen, den Wein, das Olivenöl und ca. 200 ml lauwarmes Wasser zugeben, bis ein glatter Teig entsteht. Den Teig auf einer leicht bemehlten Arbeitsfläche einige Minuten kneten, in eine mit Öl gefettete Schüssel legen, mit einem feuchten Tuch abdecken und an einem warmen Ort etwa 1 Stunde ruhen lassen, bis er sein Volumen verdoppelt hat.

Für die Füllung das Olivenöl in einer großen Pfanne bei mittlerer Temperatur erhitzen, die Zwiebeln hineingeben und die Sardellenfilets einrühren, bis sie zerfallen. Die Temperatur reduzieren und die Zwiebeln 20 Minuten weich dünsten – wenn viel Flüssigkeit austritt, die Temperatur erhöhen. Oliven und Kapern hinzufügen und 10 Minuten sanft garen. Vom Herd nehmen und abkühlen lassen. Falls nötig, salzen.

Den Backofen auf 200 °C (Umluft) vorheizen. Eine Springform (26 cm Ø) einfetten.

Den Teig teilen, wobei eine Hälfte etwas größer sein sollte. Beide Teigstücke auf einer leicht bemehlten Arbeitsfläche zu einem Kreis ausrollen. Mit dem größeren den Boden und die Seiten der Backform auslegen. Die Zwiebelfüllung darauf verteilen, mit dem Käse und etwas schwarzem Pfeffer bestreuen. Den kleineren Teigkreis darauflegen und an den Kanten vorsichtig andrücken.

Die Tarte 35 Minuten im Ofen goldbraun backen. Herausnehmen, etwas abkühlen lassen, dann aus der Form lösen und zum Servieren in Stücke schneiden.

NICHOLLS
AXMINSTER

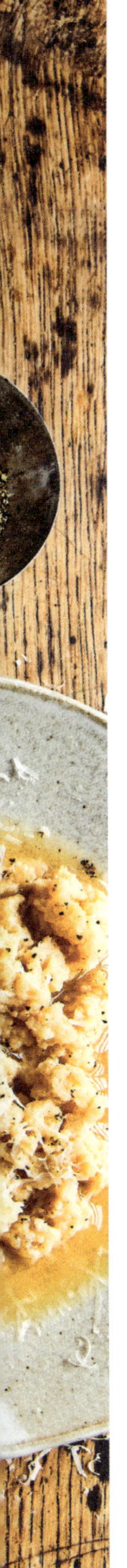

PASSATELLI IN BRODO

Brotnudeln in Brühe

Diese ursprünglich aus der Emilia Romagna stammende Pasta besteht aus altbackenem Brot, das zu Semmelbröseln verarbeitet und mit Ei und geriebenem Parmesan vermengt wird. Muskatnuss und Zitronenabrieb verleihen ihr noch mehr Aroma. Zum Formen der *Passatelli* verwendet man ein einfaches Locheisen, *Ferro per i passatelli* genannt. Dabei handelt es sich um eine perforierte Edelstahlscheibe mit Holzgriffen. Mit einer Kartoffelpresse funktioniert es aber genauso gut. Diese »Arme-Leute-Pasta« wird traditionell in Hühnerbrühe serviert, doch sie kann auch in Rinder- oder Gemüsebrühe gegart werden.

4 Portionen
100 g Semmelbrösel
100 g geriebener Parmesan, plus mehr zum Servieren
2 Bio-Eier (Größe M)
2 Prisen frisch geriebene Muskatnuss
Abrieb von ½ unbehandelten Bio-Zitrone
Mehl zum Arbeiten
1 l Hühnerbrühe
Meersalz und schwarzer Pfeffer aus der Mühle

Alle Zutaten (bis auf das Mehl zum Arbeiten und die Hühnerbrühe) mit etwas Salz in einer Schüssel zu einem Teig verarbeiten. Zu einer Kugel formen, in Frischhaltefolie wickeln und bei Zimmertemperatur mindestens 1 Stunde ruhen lassen.

Aus der Folie nehmen und jeweils etwa ein Viertel des Teigs durch ein Locheisen oder eine Kartoffelpresse mit großen Löchern drücken, dabei mit einem scharfen Messer 5–6 cm lange Stränge abschneiden. Wenn sie unterschiedlich lang sind, ist das in Ordnung. Die Nudeln auf ein leicht bemehltes Brett legen und darauf achten, dass sie nicht reißen. Mit den anderen Teigvierteln ebenso verfahren.

Die Hühnerbrühe in einem großen Topf zum Kochen bringen, die *Passatelli* hineingeben und garen, bis sie an die Oberfläche steigen. Den Topf vom Herd nehmen und die Suppe auf Teller verteilen. Mit etwas schwarzem Pfeffer und geriebenem Parmesan bestreuen.

MOZZARELLA IN CARROZZA

Mozzarella-Sandwich

Ein Sandwich ist einfach unschlagbar – dieses traditionelle Rezept aus der Gegend von Neapel wurde erstmals in den 1880er-Jahren aus altbackenem Brot und Käseresten zubereitet. Eine Erklärung, warum es *Carrozza* heißt, könnte sein, dass dafür ursprünglich runde Brotscheiben verwendet wurden, die an Wagenräder erinnerten. Heutzutage ist es ein beliebtes Streetfood in Neapel und Umgebung, aber man kennt es in ganz Italien, und Rom beansprucht eine eigene Variante für sich. Ursprünglich hat man es mit Bauernbrot zubereitet, heute nimmt man *Pane in cassetta* dafür, italienische Weißbrotscheiben. Aber Sie können es mit den Brotresten machen, die Sie gerade zu Hause haben. Achten Sie darauf, dass der Mozzarella gut abgetropft und trocken ist, bevor er gebacken wird.

Servieren Sie das Sandwich mit einem Salat zu einem leckeren Lunch oder Snack. Auch Kinder werden dieses Käse-Sandwich mit geschmolzenem Mozzarella lieben. Berechnen Sie ein Sandwich pro Person für eine Mahlzeit oder ein halbes als Snack.

2–4 Portionen
2 Bio-Eier (Größe M)
Semmelbrösel zum Panieren
Mehl zum Arbeiten
4 Scheiben Brot
1 Kugel Mozzarella (ca. 125 g), abgetropft und trocken getupft, in Scheiben geschnitten
Pflanzenöl zum Braten

Die Eier in einer Schale oder einem tiefen Teller leicht verquirlen. Die Semmelbrösel in eine andere Schale oder einen Teller füllen. Mehl in einem dritten Teller verteilen. Die Brotscheiben im Mehl wenden, überschüssiges Mehl abklopfen. Mozzarellascheiben auf zwei Brotscheiben verteilen und diese jeweils mit einer zweiten Brotscheibe belegen. Gut festdrücken.

Die Sandwiches vorsichtig durch die Eiermasse ziehen und darauf achten, dass auch die Kanten mit Ei überzogen sind. Dann in den Semmelbröseln wenden. Auf einen Teller legen und etwa 30 Minuten im Kühlschrank ruhen lassen. Jedes Sandwich wie zuvor noch einmal durch die Eiermasse ziehen und anschließend in den Semmelbröseln wenden.

Reichlich Pflanzenöl in einer tiefen Pfanne erhitzen und die Sandwiches bei mittlerer Temperatur von beiden Seiten etwa 3 Minuten goldgelb ausbacken. Zwischendurch wenden, damit sie gleichmäßig Farbe annehmen. Je nach Größe der Pfanne portionsweise vorgehen. Die Sandwiches auf Küchenpapier abtropfen lassen und servieren.

PANE COTTO CON PATATE DI ADRIANA

Adrianas Brotsuppe mit Kartoffeln, Rucola und Pancetta

Dieses alte Bauernrezept aus Apulien ist typisch für die *Cucina povera*, wird hier doch altbackenes Brot mit Kartoffeln zu einem neuen Gericht verarbeitet. Man kann auch noch weitere Zutaten, die man gerade vorrätig hat, dazugeben, etwa Tomaten, grünes Blattgemüse, Zwiebeln etc. – so wie man es früher gemacht hat. Bacon ist ein guter Ersatz für Pancetta, wenn Sie diesen bevorzugen. Dies hier ist die Version meiner Schwester Adriana – sie hat es sehr oft gekocht, als sie in Apulien lebte.

4 Portionen
500 g Kartoffeln
Meersalz
2 Handvoll Rucola
200 g altbackenes Bauernbrot, in dicke Stücke geschnitten
4 EL natives Olivenöl extra
120 g Pancetta oder Bacon, fein gehackt
2 Knoblauchzehen, leicht zerstoßen, aber noch ganz
½ rote Chilischote, in feine Streifen geschnitten (nach Belieben)

Die Kartoffeln schälen und in grobe Stücke schneiden. Mit 1,2 l Wasser und etwas Salz in einen Topf geben, zum Kochen bringen und etwa 10–15 Minuten fast gar kochen. Rucola hinzufügen und weitere 2 Minuten garen, bis die Kartoffeln weich sind.

Den Topf vom Herd nehmen, die Brotstücke dazugeben und einen Topfdeckel auflegen. Das Brot 5 Minuten einweichen lassen.

Währenddessen das Olivenöl in einer Pfanne erhitzen, Pancetta, Knoblauch und nach Belieben Chili hinzufügen. Bei mittlerer Temperatur etwa 5 Minuten braten. Die Pfanne vom Herd nehmen und den Knoblauch entfernen.

Den Pancetta in den Topf geben, die Brotsuppe nochmals abschmecken sofort servieren.

CANEDERLI AGLI SPINACI

Spinatknödel

Für diese Semmelknödel aus der Bergregion Südtirol/Trentino in Norditalien werden Brotreste und sonstige Reste aus der Küche verwertet. Traditionell nahm man dafür auch Räucherspeck aus dieser Gegend, aber ich habe ihn hier durch Blattspinat ersetzt. Sie können die Knödel in der Brühe servieren, in der sie gekocht wurden, oder Sie lassen sie abtropfen und garnieren sie mit zerlassener Butter und geriebenem Parmesan. So oder so ist dies eine nahrhafte Mahlzeit.

4 Portionen (ergibt etwa 14 Knödel)

150 g Brot
60 ml Milch
80 g Butter
etwas natives Olivenöl extra
½ Zwiebel, fein gehackt
1 Knoblauchzehe, fein gehackt
200 g gegarter Blattspinat (ca. 480 g TK-Blattspinat), abgetropft und überschüssige Flüssigkeit ausgedrückt
2 Bio-Eier, leicht verquirlt
30 g geriebener Parmesan, plus mehr zum Bestreuen
30 g Mehl
1 Prise frisch geriebene Muskatnuss
Meersalz und schwarzer Pfeffer aus der Mühle
ca. 1,5 l Gemüsebrühe (nach Belieben)

Das Brot in kleine Stücke schneiden, in eine Schale legen und mit der Milch übergießen. Zur Seite stellen.

In einem Topf 20 g Butter mit etwas Olivenöl erhitzen, die Zwiebel und den Knoblauch hinzufügen und bei mittlerer Temperatur ein paar Minuten anschwitzen. Den ausgedrückten Spinat dazugeben und 1 Minute mitbraten. Vom Herd nehmen und abkühlen lassen.

Das eingeweichte Brot mit der Spinatmasse, Eiern, Parmesan, Mehl, Muskat und etwas Salz und Pfeffer vermengen. Die Masse in ungefähr 14 walnussgroße Kugeln formen.

In einem großen Topf Gemüsebrühe oder Salzwasser zum Kochen bringen, die Knödel hineingeben und 15 Minuten sieden lassen. Zum Ende der Kochzeit die restliche Butter in einem kleinen Topf zerlassen.

Die Knödel mit einem Schaumlöffel vorsichtig aus der Brühe nehmen, auf einen Servierteller legen, mit zerlassener Butter beträufeln und mit etwas geriebenem Parmesan bestreuen. Sofort servieren.

PAPPA AL POMODORO

Tomaten-Brotsuppe

Die Ursprünge dieser traditionellen toskanischen »Arme-Leute-Suppe« reichen weit zurück. Nachdem in den 1920er-Jahren ein Zeitungsartikel darüber erschien, erlangte sie in ganz Italien Berühmtheit und gab später einem beliebten italienischen Song sogar seinen Namen. Diese einfache dicke Suppe aus Brot und Tomaten eignet sich hervorragend, um altes Brot zu verwerten. Am besten kocht man sie mit frischen Tomaten, aber Sie können stattdessen auch Dosentomaten von guter Qualität verwenden. Man kann diese Suppe auch kalt verzehren, weshalb sie ein ideales Gericht für den Sommer ist, wenn Tomaten und Basilikum Saison haben.

4 Portionen

1 kg San-Marzano-Tomaten (oder eine ähnliche Sorte; alternativ Dosentomaten von guter Qualität)
3 EL natives Olivenöl extra, plus mehr zum Beträufeln
3 Knoblauchzehen, 2 zerstoßen, 1 geschält und noch ganz
½ Handvoll Basilikumblätter, plus ein paar Stängel (gehackt)
300 g altbackenes Bauernbrot
1 l heiße Gemüsebrühe

Die Tomaten an der Unterseite kreuzweise einschneiden und ein paar Minuten in kochendem Wasser blanchieren. Mit einem Schaumlöffel aus dem Wasser heben und enthäuten. Die Tomaten vierteln und die Kerne vorsichtig entfernen. Dabei über einem feinen Sieb arbeiten und den Saft in einer Schale auffangen. Die Tomatenviertel in dünne Scheiben schneiden und in einer Schüssel mit dem gefilterten Saft vermischen.

Das Olivenöl in einem Topf erhitzen, die zerstoßenen Knoblauchzehen und die Basilikumstängel hinzufügen und 1 Minute anschwitzen. Dann die Tomatenscheiben zugeben und bei mittlerer Temperatur etwa 10 Minuten braten.

Währenddessen den Backofengrill auf hoher Stufe vorheizen. Das Brot in dicke Scheiben schneiden, auf ein Backblech legen und unter dem heißen Grill von beiden Seiten leicht anrösten. Dann herausnehmen und auf einer Seite mit der ganzen Knoblauchzehe einreiben.

Das geröstete Brot in eine große Schüssel geben, mit etwas heißer Brühe begießen und ein paar Minuten einweichen lassen. Dann zusammen mit der restlichen heißen Brühe zu den Tomaten in den Topf geben, gründlich vermischen und, falls nötig, nochmals erhitzen.

Sofort in Teller füllen, mit etwas Olivenöl beträufeln, mit Basilikumblättern bestreuen und servieren.

ACQUASALE

Apulischer Brotsalat

Dieser Salat ähnelt der *Panzanella* aus der Toskana, für die altbackenes Brot verwendet wird. Für dieses Rezept aus dem bäuerlichen Apulien nimmt man *Fresella*, ein zweifach gebackenes Brot, das man in italienischen Feinkostläden bekommt und das sich sehr gut lagern lässt. Früher wurde *Fresella* zu Hause hergestellt, indem man Scheiben von altbackenem Brot bei niedriger Temperatur im Ofen knusprig backte – ich mache das immer noch so, wenn ich zu viel Brot habe. Die *Fresella* lässt sich in einer verschlossenen Dose aufbewahren und kann gut für Brotsalate wie diesen hier oder Suppen oder auch mit Olivenöl beträufelt einfach als Snack verwendet werden. Vorher die *Fresella* nur mit etwas Wasser besprühen, damit sie weicher wird.

Ich erkläre Ihnen hier das traditionelle apulische Rezept mit Sommergemüse, das die Bauern anbauten oder leicht bekommen konnten. Aber Sie können es natürlich auch noch mit Paprika, Oliven, Kapern, eingelegtem Gemüse, gekochten Bohnen oder Thunfisch aus der Dose verfeinern.

4 Portionen
1 kleine rote Zwiebel, in dünne Scheiben geschnitten
Rotweinessig zum Abschmecken
4 Scheiben Fresella
200 g kleine Flaschentomaten, halbiert
1 Stange Staudensellerie mit Grün, in feine Scheiben geschnitten
½ Salatgurke, in Scheiben geschnitten
1 TL getrockneter Oregano
Meersalz
40 ml natives Olivenöl extra, plus mehr zum Beträufeln

Die Zwiebelscheiben in eine kleine Schale geben und mit Rotweinessig bedecken. Mindestens 30 Minuten ziehen lassen.

Die *Fresella*-Scheiben auf einen Teller legen, mit ungefähr 100 ml Wasser beträufeln und etwa 30 Minuten einweichen lassen. Dann in Stücke brechen.

Die Zwiebel abtropfen lassen (den Essig für ein anderes Gericht aufbewahren) und mit den Tomaten, dem Sellerie und der Gurke in eine Schüssel geben. Mit Oregano und etwas Salz bestreuen, das Olivenöl dazugeben und alles sorgfältig vermischen. Die *Fresella*-Stücke untermengen und den Brotsalat bei Zimmertemperatur etwa 1 Stunde ruhen lassen. Mit Olivenöl beträufeln und servieren.

PIZZA FRITTA

Frittierte Pizzataschen

Pizza fritta oder frittierte Pizza ist ein typisch neapolitanisches Streetfood. Manchmal ist sie flach und wird nach dem Frittieren einfach mit Tomatensauce und Käse belegt. Andere sind gefüllt und werden frittiert, so wie in diesem Rezept. *Pizza fritta* wurde nach dem Zweiten Weltkrieg in Neapel erfunden, als die meisten Öfen in der Stadt durch Bombardements zerstört waren. Daher kamen die neapolitanischen Pizzabäcker auf die geniale Idee, den Teig zu frittieren, der dabei aufgeht und meist schneller gar wird, als wenn er im Ofen gebacken würde. Der Erfolg war so groß, dass diese Tradition noch heute fortlebt und man Neapel nicht besuchen kann, ohne eine *Pizza fritta* probiert zu haben, während man durch das hektische Chaos der Stadt spaziert.

Ergibt 4 große gefüllte Pizzen

Für den Teig

500 g Vollkornweizenmehl (Type 1600), plus mehr zum Arbeiten
6 g Trockenhefe
12 g Meersalz

Für die Füllung

1 Kugel Mozzarella (125 g), abgetropft und fein gehackt
6 EL Ricotta
80 g gekochter Schinken, fein gehackt
4 EL Tomatensauce
4 frische Basilikumblätter
20 g geriebener Parmesan
schwarzer Pfeffer aus der Mühle
Pflanzenöl zum Frittieren

Für den Teig Mehl, Hefe und Salz in einer großen Schüssel mischen, dann nach und nach 320 ml lauwarmes Wasser hinzufügen und alles zu einem Teig vermengen. Dann auf einer leicht bemehlten Arbeitsfläche 5 Minuten kneten. Abdecken und 10 Minuten ruhen lassen.

Den Teig in vier gleich große Stücke teilen, auf ein leicht bemehltes Backblech legen und mit einem feuchten Tuch abdecken. An einem warmen Ort etwa 3 ½ Stunden gehen lassen, bis sie ihr Volumen verdoppelt haben.

Ein Teigstück auf einer bemehlten Arbeitsfläche zu einem Kreis mit ca. 22 cm Durchmesser ausrollen. Ein paar Mozzarellastücke in die Mitte streuen, dann etwas Ricotta, Schinken, 1 EL Tomatensauce und 1 Basilikumblatt hinzufügen. Mit Parmesan und schwarzem Pfeffer bestreuen. Die Ränder mit Wasser bestreichen und den Kreis dann zusammenklappen, dabei die Ränder gut festdrücken. So mit dem übrigen Teig sowie der Füllung fortfahren.

Ausreichend Pflanzenöl in einer großen, tiefen Pfanne erhitzen und die Pizzen darin pro Seite 2–3 Minuten goldbraun frittieren. Gleich zu Beginn mit einem Löffel etwas heißes Öl auf die Oberseite gießen – dann geht die Pizza gleich auf. Aus der Pfanne nehmen, auf Küchenpapier abtropfen lassen und servieren.

GNOCCO FRITTO

Frittierte Hefeklöße

Dieses traditionelle Brot aus der Emilia Romagna hat nichts mit den bekannten Gnocchi zu tun. Es ist zu einer Zeit entstanden, als man keine Tierabfälle verschwendete, weshalb Schmalz für den Teig verwendet wurde. Mit der Zeit wurde der einstige bäuerliche Brotersatz ein beliebtes Streetfood und wird heute in regionalen Restaurants zusammen mit einer Auswahl an Wurst, Schinken und Käse als Teil einer Antipasti-Platte serviert.

Sie werden feststellen, dass die Teigstücke, sobald sie im heißen Öl liegen, richtig schön aufgehen.

Ergibt ungefähr 40 Stück

Für den Vorteig
30 g Vollkornweizenmehl (Type 1600)
4 g Trockenhefe
½ TL Zucker

Für den Teig
220 g Vollkornweizenmehl (Type 1600), plus mehr zum Arbeiten
35 g Schmalz, in kleine Stücke geschnitten
6 g Meersalz
Pflanzenöl zum Einfetten und Frittieren

Zuerst den Vorteig zubereiten. Dafür alle Zutaten mit 50 ml lauwarmem Wasser in einer kleinen Schüssel vermischen, mit einem feuchten Tuch abdecken und an einem warmen Ort 1 Stunde ruhen lassen. Dabei bilden sich viele Bläschen auf der Oberfläche.

Für den Teig das Mehl in eine Schüssel geben, den Vorteig, die Schmalzstücke und das Salz hinzufügen und nach und nach ungefähr 100 ml lauwarmes Wasser unterrühren, bis ein Teig entsteht. Diesen auf einer leicht bemehlten Arbeitsfläche ein paar Minuten kneten, dann in eine mit Öl gefettete Schüssel legen, mit einem feuchten Tuch abdecken und an einem warmen Ort 1 ½–2 Stunden ruhen lassen, bis der Teig sein Volumen verdreifacht hat.

Anschließend 3 mm dick ausrollen, in 5 cm breite Streifen schneiden, dann diagonal in ungefähr 8 cm lange Rauten.

Ausreichend Pflanzenöl in einer großen, tiefen Pfanne bei hoher Temperatur erhitzen, dann ein paar Teigrauten hineingeben und etwa 1 Minute goldbraun frittieren, bis sie aufgehen. Mit einem Schaumlöffel herausnehmen und auf Küchenpapier abtropfen lassen. Den Vorgang wiederholen, bis alle Teigrauten frittiert sind, dabei darauf achten, dass das Öl immer heiß genug ist, bevor die nächste Portion frittiert wird.

Am besten sofort servieren und eine Auswahl an Wurst, Schinken, Käse und eingelegtem Gemüse dazureichen.

OPINEL
SAVOIE FRANCE

PALLARÈS
SOLSONA

KARTOFFELN

TORTA SALATA DI SPINACI E PATATE

Spinat-Kartoffel-Tarte

Italienische *Torte salate* sind salzige Tartes, die sich hervorragend zur Verwertung von Resten eignen, welche als Füllung in einem Teig gebacken werden. Ich habe hier ein traditionelles Teigrezept verwendet (mit Olivenöl und Wasser), das manchmal als *Pasta matta* bezeichnet wird. Dieser einfache Kuchen mit Blattspinat und Käse ist als komplette Mahlzeit gedacht. Ich verwende dafür gerne tiefgekühlten Blattspinat, den man leicht für Gerichte wie dieses oder für Suppen und Eintöpfe nehmen kann. Diese Tarte kann heiß, warm oder kalt serviert werden.

6 Portionen
Für den Teig
400 g Weizenmehl (Type 550 oder 00), gesiebt, plus mehr zum Arbeiten
8 g Meersalz
30 ml Olivenöl

Für die Füllung
800 g Kartoffeln, geschält und fein gewürfelt
1 Zweig Rosmarin, Nadeln abgestreift
natives Olivenöl extra, plus mehr für die Form
1 Knoblauchzehe, leicht zerstoßen, aber noch ganz
300 g TK-Blattspinat, aufgetaut
Meersalz und schwarzer Pfeffer aus der Mühle
1 EL Semmelbrösel
30 g geriebener Parmesan
120 g Pancetta, gewürfelt
150 g Provolone, in kleine Stücke geschnitten

Für den Teig Mehl und Salz in einer großen Schüssel mischen, das Olivenöl sowie nach und nach 200 ml Wasser unterrühren, bis ein glatter Teig entsteht. In Frischhaltefolie wickeln und bei Zimmertemperatur ruhen lassen. Währenddessen die Füllung zubereiten.

Dafür die Kartoffeln in einem großen Topf etwa 7 Minuten in kochendem Wasser garen – darauf achten, dass sie nicht zu lange kochen, damit sie nicht zerfallen. Abseihen und abkühlen lassen, dann mit Rosmarinnadeln bestreuen.

Etwas Olivenöl in einer Pfanne erhitzen, den Knoblauch bei mittlerer Temperatur 1 Minute darin anbraten, den Blattspinat untermengen und etwa 1 Minute mitgaren. Mit Salz und Pfeffer würzen. Vom Herd nehmen, abkühlen lassen und anschließend überschüssige Flüssigkeit ausdrücken.

Den Backofen auf 160 °C (Umluft) vorheizen. Eine 28 cm große, runde Tarteform leicht fetten.

Den Teig auf einer leicht bemehlten Arbeitsfläche etwa 5 mm dick ausrollen und den Boden und die Seiten der Form damit auslegen. Die Knoblauchzehe entsorgen. Den Spinat gleichmäßig auf dem Teigboden verteilen, dann mit Semmelbröseln, der Hälfte des Parmesans, den Speckwürfeln, den Käsestücken und den Kartoffelwürfeln bestreuen. Mit einer Schicht Parmesan abschließen.

Etwa 25 Minuten goldbraun backen. Aus dem Ofen nehmen, 5 Minuten ruhen lassen und dann servieren.

GATTÒ DI PATATE NAPOLETANO

Neapolitanischer Kartoffelkuchen

Dieses neapolitanische Rezept reicht bis in die 1760er-Jahre zurück, in denen es wohl einmal für eine königliche Hochzeit zubereitet wurde, für die man französische Köche engagiert hatte. Es hieß »Gateau«, weil es einem Kuchen ähnelte, und mit der Zeit haben die Neapolitaner *Gattò* daraus gemacht. Zwar hat dieses Rezept edle Wurzeln, doch es eignet sich sehr gut, um Reste von Schinken, Käse, Salami und anderem Aufschnitt, der noch im Kühlschrank lagert, aufzubrauchen. Es ist einfach und preiswert und sehr nahrhaft; man kann den Kuchen heiß oder kalt als eigene Mahlzeit verzehren, vielleicht mit einem grünen Salat dazu.

4 Portionen

40 g Butter, plus mehr für die Form
30 g Semmelbrösel
700 g Kartoffeln, geschält und in Stücke geschnitten
Meersalz und schwarzer Pfeffer aus der Mühle
2 Bio-Eier (Größe M)
30 g geriebener Parmesan
50 ml heiße Milch
100 g Scamorza, klein gewürfelt
20 g Asiago-Käse, klein gewürfelt
1 Kugel Mozzarella (125 g), abgetropft und grob gehackt
80 g gekochter Schinken, in kleine Stücke geschnitten

Den Backofen auf 180 °C (Umluft) vorheizen. Eine runde, 20 cm große Springform mit etwas Butter einfetten und mit wenig Semmelbröseln bestreuen, überschüssige Brösel abklopfen.

Die Kartoffeln in einem großen Topf in kochendem Wasser etwa 20 Minuten garen. Dann sorgfältig abtropfen lassen und zerstampfen. Etwas Salz, Pfeffer, die Eier, geriebenen Parmesan, 30 g Butter, die heiße Milch, die Hälfte des Käses und die Hälfte des Schinkens untermengen.

Die Hälfte der Kartoffelmischung in die Form füllen, mit Schinken und Käse bestreuen und die übrige Kartoffelmischung gleichmäßig daraufstreichen. Die restliche Butter in Flöckchen daraufsetzen und die Semmelbrösel darüberstreuen.

Etwa 40 Minuten im Ofen backen, bis der Kuchen rundum goldbraun ist. Aus dem Ofen nehmen, 5 Minuten ruhen lassen und dann servieren.

PATATE 'MPACCHIUSE CALABRESE

Bratkartoffeln auf kalabrische Art

Ob Sie es glauben oder nicht, die süditalienische Region Kalabrien ist bekannt für ihre Kartoffeln, die süßen roten Tropea-Zwiebeln und sogar für Pilze, die in den Wäldern von Sila wachsen. So ist es folgerichtig, diese drei Zutaten zu kombinieren und eine andere kalabrische Spezialität nicht zu vergessen: scharfe rote Chilischoten. Das Wort *'mpacchiuse* aus dem regionalen Dialekt bedeutet »festkleben«, und genau das ist es, was mit den Kartoffeln manchmal in der Pfanne passiert. Die Kartoffeln sollten außen etwas knusprig, aber innen weich und locker sein. Ich liebe Chili, aber Sie können es natürlich auch weglassen oder weniger davon verwenden.

2–4 Portionen
600 g Kartoffeln
3 EL natives Olivenöl extra
1 Knoblauchzehe, leicht zerstoßen, aber noch ganz
Meersalz
1 rote Chilischote (nach Belieben), schräg in feine Scheiben geschnitten
1 rote Zwiebel, in dünne Scheiben geschnitten
100 g braune Champignons, geputzt und in Scheiben geschnitten

Die Kartoffeln schälen und in 5 mm dicke Scheiben schneiden.

Das Olivenöl in einer beschichteten Pfanne erhitzen, den Knoblauch hineingeben und bei mittlerer Temperatur ein paar Minuten darin anschwitzen, dabei aufpassen, dass er nicht anbrennt. Den Knoblauch entfernen, die Kartoffelscheiben hineingeben und nach Belieben mit etwas Salz und Chili bestreuen. Einen Topfdeckel auflegen und alles bei niedriger bis mittlerer Temperatur etwa 6 Minuten garen.

Die Kartoffeln vorsichtig wenden, Zwiebel- und Pilzscheiben darauf verteilen, den Deckel wieder auflegen und etwa 15 Minuten weitergaren, bis die Kartoffeln goldbraun sind.

Die Pfanne vom Herd nehmen und die Bratkartoffeln servieren.

PATATE IN UMIDO AL POMODORO

Kartoffeln in Tomatensauce

Dieses einfache Gericht kann als Beilage serviert werden, eignet sich aber mit etwas Bauernbrot zum Auftunken der Tomatensauce auch sehr gut für eine Hauptmahlzeit.

4–6 Portionen
4 EL natives Olivenöl extra
2 Knoblauchzehen, fein gehackt
1 Stange Staudensellerie, fein gehackt
400 g gehackte Tomaten (aus der Dose) oder 400 g Passata
Meersalz
1 kg Kartoffeln, geschält und in gleichmäßige Stücke geschnitten
1 Handvoll glatte Petersilie, fein gehackt

Das Olivenöl in einem großen Topf erhitzen, den Knoblauch und den Staudensellerie hinzufügen und bei mittlerer Temperatur ein paar Minuten anbraten. Die Tomaten und etwas Salz dazugeben und 10 Minuten kochen. Die Kartoffeln hineingeben und alles mit etwa 300 ml Wasser bedecken. Zum Kochen bringen, dann die Temperatur reduzieren und bei halb geöffnetem Topfdeckel 30 Minuten köcheln lassen, bis die Kartoffeln gar sind.

Wenn zu viel Flüssigkeit im Topf ist, die Temperatur in den letzten 5 Minuten erhöhen, den Deckel abnehmen und die Flüssigkeit größtenteils verdampfen lassen.

Den Topf vom Herd nehmen, die Petersilie untermischen, ohne dass die Kartoffeln zerfallen, und servieren.

PATATE ARRAGANATE

Kartoffelauflauf mit Oregano

Dieses Gericht stammt aus der südlichen Basilikata, der Name *arraganate* bedeutet »mit Oregano«. Es ist ein einfacher Auflauf mit Kartoffeln, Oregano, Semmelbröseln und Tomaten. Man kann ihn noch mit weiteren Zutaten und Käse verfeinern, aber ich mag diese einfache Version, die man als Beilage zu Fleisch servieren kann, welche aber auch als Hauptmahlzeit, vielleicht mit einem grünen Salat dazu, gut schmeckt.

2–4 Portionen
40 g Bauernbrot ohne Rinde
1 Knoblauchzehe, fein gehackt
1 Handvoll glatte Petersilie, fein gehackt
1 TL getrockneter Oregano
¼ rote Chilischote (nach Belieben), fein gehackt
ca. 3 EL natives Olivenöl extra
500 g Kartoffeln, ungeschält, in dünne Scheiben geschnitten
Meersalz
8 kleine Flaschentomaten, geviertelt

Den Backofen auf 180 °C (Umluft) vorheizen.

Das Brot von Hand zerbröseln und mit Knoblauch, Petersilie, Oregano und nach Belieben Chili mischen. Zur Seite stellen.

Den Boden einer Auflaufform (meine ist 20 cm x 20 cm groß) mit 1 EL Olivenöl einfetten. Eine Lage Kartoffelscheiben hineinlegen, mit etwas Salz bestreuen, etwas von der Brotmischung und ein paar Tomatenviertel darauf verteilen und mit Olivenöl beträufeln. Eine zweite Schicht einfüllen, und wenn noch Zutaten übrig sind, so fortfahren, bis alles aufgebraucht ist. Mit der Brotmischung und Olivenöl abschließen. Ich habe zwei Schichten in meine Form gefüllt. Zum Schluss 2 EL Wasser seitlich in die Form geben.

Mit Alufolie abdecken und 45 Minuten im Ofen backen. Die Folie abnehmen und noch weitere 10 Minuten backen, bis die Kartoffeln gar und goldbraun sind. Den Auflauf aus dem Ofen nehmen, 5 Minuten ruhen lassen und dann servieren.

TIELLA DI PATATE, RISO E CARCIOFI

Kartoffel-Reis-Auflauf mit Artischocken

Dies ist ein typisches Gericht aus Bari, das traditionell mit Muscheln zubereitet wird. Diese vegetarische Variante verwendet stattdessen Artischocken. Sie stammt aus der *Cucina povera* dieser Gegend, bei der Reis und Kartoffeln zugegeben wurden, um das Gericht, das in den bäuerlichen Gemeinden sehr beliebt war, noch etwas anzureichern. Mit der Zeit hat dieses einst ärmliche Essen Einzug in gute Restaurants in Apulien gefunden. *Tiella* ist die Bezeichnung für die Terrakottaform, in der der Auflauf gebacken wurde. Natürlich können Sie stattdessen auch eine andere Auflaufform verwenden. Normalerweise wird er mit frischen Artischocken zubereitet, aber sie sind nicht immer leicht zu bekommen, weshalb ich welche aus der Dose genommen habe.

4 Portionen

1 kg Kartoffeln, geschält und in 5 mm dicke Scheiben geschnitten
225 g Arborio-Reis
200 g kleine Flaschentomaten
1 rote Zwiebel, in dünne Ringe geschnitten
Meersalz
natives Olivenöl extra
Saft von 1 Zitrone
2 Knoblauchzehen, gehackt
1 Handvoll glatte Petersilienblätter, fein gehackt
100 g geriebener Pecorino
250 g gegrillte Artischocken (aus dem Glas)
450 ml Gemüsebrühe

Die Kartoffelscheiben etwa 20 Minuten in eine Schüssel mit kaltem Wasser legen und währenddessen die anderen Zutaten vorbereiten. Den Reis gründlich unter fließend kaltem Wasser waschen und gut abtropfen lassen.

In einer Schale die Tomaten und die Zwiebel mischen, mit etwas Salz bestreuen und mit Olivenöl und Zitronensaft beträufeln. Zur Seite stellen.

Den Backofen auf 160 °C (Umluft) vorheizen. In einer zweiten Schale Knoblauch, Petersilie und Pecorino vermengen. Die Kartoffeln abtropfen lassen und mit einem sauberen Küchentuch trocken tupfen. In eine Schüssel legen, mit Olivenöl beträufeln und mischen.

Eine Auflaufform mit Olivenöl einfetten. Eine Lage Kartoffelscheiben hineinlegen, die Hälfte der Tomaten-Zwiebel-Mischung daraufgeben, anschließend die Hälfte vom Reis und dann drei Artischocken hinzufügen. Mit der Hälfte der Pecorino-Mischung bestreuen. Den Vorgang noch ein Mal wiederholen und mit dem restlichen Pecorino abschließen.

Die Gemüsebrühe seitlich in die Form gießen, diese mit Alufolie abdecken und den Auflauf 70 Minuten im Ofen backen. Die Folie abnehmen und noch 20 Minuten weitergaren, bis die Oberfläche knusprig ist. Aus dem Ofen nehmen und servieren.

EIER

UOVA ALLA MONACHINA

Gefüllte frittierte Eier

Dieses Gericht haben die Neapolitaner vor langer Zeit aus der französischen Küche übernommen. Es ist adligen Ursprungs und wurde für die Hochzeit von König Ferdinand IV. mit Maria Carolina von Österreich entwickelt. Offensichtlich war sie nicht an neapolitanischen Speisen interessiert, weshalb französische Köche geschickt wurden, die dieses Gericht neben anderen Kanapees bei der Hochzeitsfeier reichten. Doch es wurde zu einem allseits beliebten Gericht, und die nahrhaften gefüllten Eier werden gerne als Hauptspeise verzehrt. Heutzutage bereitet man sie oft an Ostern als Vorspeise oder mit einem Aperitif zu. Sie sind sehr schmackhaft, aber auch sehr sättigend!

6 Portionen

6 Bio-Eier (Größe M)
25 g Butter
25 g Mehl (Type 550), plus mehr zum Arbeiten
125 ml Milch
25 g geriebener Parmesan
Meersalz und schwarzer Pfeffer aus der Mühle
2 TL Schnittlauchröllchen
2 Bio-Eier, mit etwas Meersalz verquirlt
Semmelbrösel zum Panieren
Pflanzenöl zum Frittieren

Die Eier in einem Topf mit kochendem Wasser je nach Größe in etwa 8–10 Minuten hart kochen. Den Topf vom Herd nehmen, das Wasser abgießen und die Eier zum Abkühlen in kaltes Wasser legen.

Für die Béchamelsauce die Butter in einem kleinen Topf zerlassen, vom Herd nehmen und das Mehl zügig unterrühren. Dann nach und nach die Milch dazugießen. Wieder auf den Herd stellen und bei niedriger Temperatur unter ständigem Rühren dicklich einkochen. Die Konsistenz sollte dicker als die einer hellen Sauce (wie zum Beispiel für Lasagne) sein. Vom Herd nehmen, den geriebenen Parmesan, etwas Salz und Pfeffer sowie den Schnittlauch untermischen. Zur Seite stellen.

Die Eier pellen und längs halbieren. Vorsichtig die Eigelbe herauslösen und in ein feines Sieb legen. Dieses über den Topf mit der Béchamelsauce hängen und mit einem Löffelrücken das Eigelb hineindrücken. Dann sorgfältig in die Sauce rühren. Die ausgehöhlten Eiweiße mit der Béchamelmischung füllen und die Hälften vorsichtig wieder aneinanderdrücken. Die gefüllten Eier mit etwas Mehl bestäuben, in das verquirlte Ei tauchen und in den Semmelbröseln wälzen.

Reichlich Pflanzenöl in einem tiefen Topf erhitzen (oder eine Fritteuse verwenden) und die Eier etwa 1 Minute rundum frittieren, bis sie goldgelb sind. Mit einem Schaumlöffel herausnehmen und auf Küchenpapier abtropfen lassen. Ein paar Minuten ruhen lassen, dann aufschneiden oder unzerteilt servieren.

TORTA DI FRITTATA AL FORNO CON ZUCCHINE E SCAMORZA

Frittata mit Zucchini und Käse

Eine Frittata bietet eine wunderbare Möglichkeit, Reste von Gemüse, Käse, geräuchertem Fleisch etc. zu verwerten und ist zudem eine schnelle und preiswerte Mahlzeit. Diese *Frittata* wird im Ofen gebacken und ist mit Käse gefüllt, ähnlich wie ein Kuchen. Wenn man sie aufschneidet, sieht man eine schöne cremige Käseschicht in der Mitte. Ich habe dafür Scamorza verwendet, einen harten geräucherten Mozzarella, aber Sie können auch anderen Käse nehmen, je nachdem, was Sie gerade vorrätig haben. Mit einem Tomatensalat dazu haben Sie eine köstliche Mahlzeit.

4 Portionen
3 EL natives Olivenöl extra
2 große Zucchini (ca. 600 g), in dünne Scheiben geschnitten
1 rote Zwiebel, fein gehackt
6 Bio-Eier (Größe M)
6 Basilikumblätter, grob gehackt
20 g geriebener Parmesan
20 g Semmelbrösel (nach Belieben)
Meersalz und schwarzer Pfeffer aus der Mühle
200 g Scamorza, in dünne Scheiben geschnitten

Den Backofen auf 180 °C (Umluft) vorheizen. Eine runde Auflaufform (etwa 20 cm Ø) mit Backpapier auslegen.

Das Olivenöl in einer großen Pfanne erhitzen, die Zucchini hinzufügen und bei mittlerer Temperatur 3 Minuten anbraten. Die Zwiebel zugeben und 5 Minuten sautieren, bis die Zucchinischeiben weich sind. Die Pfanne vom Herd nehmen und abkühlen lassen.

Die Eier in einer Schale verquirlen, Basilikum, Parmesan, Semmelbrösel (falls verwendet) sowie etwas Salz und Pfeffer hinzufügen. Die Eiermasse mit dem Gemüse vermengen. Die Hälfte in die vorbereitete Auflaufform füllen, die Käsescheiben darauf platzieren und die restliche Eiermasse darübergießen.

20 Minuten im Ofen backen, bis die Masse fest und goldbraun ist. Aus dem Ofen nehmen, in Stücke schneiden und servieren.

PALLOTTE CACIO E UOVA

Käse-Eier-Bällchen

Dieses Gericht aus den Abruzzen wurde ursprünglich anstelle von teurem Fleisch als Hauptmahlzeit serviert, weswegen die Bällchen wie Fleischbällchen in Tomatensauce serviert werden. Aber dafür kann man auch prima Brot- und Käsereste verwerten. Sie können jeden beliebigen Hartkäse nehmen, den Sie gerade haben, man muss ihn nur leicht reiben können. Die Bällchen können in Tomatensauce serviert werden, aber auch pur sind sie köstlich – kleinere kann man auch gut zu einem Drink reichen.

Ergibt 10 Bällchen

Für die Tomatensauce
2 EL natives Olivenöl extra
½ Zwiebel, fein gehackt
400 g Tomatenpassata
Meersalz

Für die Käse-Eier-Bällchen
100 g altbackenes Brot ohne Rinde
150 g gemischter geriebener Käse (z. B. 85 g Parmesan, 30 g Cheddar, 35 g Jarlsberg)
3 Bio-Eier (Größe M)
1 kleine Knoblauchzehe, gehackt
1 EL fein gehackte glatte Petersilie
Meersalz und schwarzer Pfeffer aus der Mühle
Pflanzenöl zum Frittieren

Für die Tomatensauce das Olivenöl in einem Topf erhitzen, die Zwiebel hinzufügen und bei mittlerer Temperatur ein paar Minuten anschwitzen, bis sie weich ist. Die Tomatenpassata unterrühren, salzen und bei niedriger bis mittlerer Temperatur etwa 15 Minuten köcheln lassen.

Währenddessen die Käse-Eier-Bällchen zubereiten. Das Brot zu Semmelbröseln reiben und mit dem Käse, den Eiern, dem Knoblauch, der Petersilie sowie etwas Salz und Pfeffer vermengen. Mit den Fingerspitzen ein wenig von der Masse abnehmen und zwischen den Handflächen zu einer etwa walnussgroßen Kugel rollen. Den Vorgang wiederholen und insgesamt 10 Bällchen formen.

Reichlich Öl in einem tiefen Topf bei hoher Temperatur erhitzen, dann ein paar *Pallotte* auf einmal hineingeben und 2–3 Minuten rundum goldgelb frittieren, dabei zwischendurch wenden. Mit einem Schaumlöffel herausnehmen und auf Küchenpapier abtropfen lassen. Die frittierten *Pallotte* in die Tomatensauce legen und bei niedriger Temperatur etwa 10 Minuten köcheln, dann servieren.

BRACIOLE DI UOVA IN POMODORO

Omelett-Röllchen in Tomatensauce

Normalerweise sind *Braciole* im Neapolitanischen dünne Rind- oder Schweinefleischscheiben, die gefüllt, eingerollt und in Tomatensauce gegart werden. Hier wird das Fleisch durch Eier ersetzt, was man häufig machte, wenn Fleisch zu teuer war oder aus religiösen Gründen nicht verzehrt werden durfte. In Italien ist es ein bei Kindern beliebtes Gericht. Mit einem grünen Salat oder mit gedämpftem grünen Gemüse und gutem Brot ergibt es eine köstliche Hauptspeise. Berechnen Sie ein oder zwei Omeletts pro Person.

2–4 Portionen

Für die Sauce

1 EL natives Olivenöl extra
¼ Zwiebel, fein gehackt
400 g gehackte Tomaten (aus der Dose)
Meersalz
½ Handvoll Basilikumblätter

Für die Omeletts

4 Bio-Eier (Größe M)
Meersalz und schwarzer Pfeffer aus der Mühle
20 g geriebener Parmesan
etwas natives Olivenöl extra
1 kleine Knoblauchzehe, fein gehackt
½ Handvoll glatte Petersilienblätter, fein gehackt

Für die Sauce das Olivenöl in einem Topf erhitzen, die Zwiebel hinzufügen und bei mittlerer Temperatur ein paar Minuten anschwitzen, bis sie weich ist. Die Tomaten unterrühren, dann die Dose mit etwas Wasser ausspülen und dieses dazugießen (die Dose etwa zu einem Viertel füllen). Etwas Salz und die Basilikumblätter dazugeben. Die Temperatur reduzieren und die Sauce bei halb geöffnetem Deckel etwa 25 Minuten köcheln lassen.

Währenddessen die Omeletts vorbereiten. Dafür die Eier mit etwas Salz und Pfeffer sowie der Hälfte des Parmesans in einem Rührbecher verquirlen. Etwas Olivenöl in einer kleinen beschichteten Pfanne (etwa 15 cm Ø) bei mittlerer Temperatur erhitzen, dann ein Viertel der Eiermasse hineingeben. Die Pfanne schwenken, sodass die Eiermasse die ganze Fläche ausfüllt, kurz braten, dann die Pfanne wieder schwenken, damit das flüssige Ei an den Seiten verläuft. Nun weitergaren, bis das Ei stockt. Das Omelett aus der Pfanne nehmen und auf Küchenpapier legen. Den Vorgang wiederholen, bis vier kleine Omeletts gebraten sind.

Dann die Omeletts mit dem restlichen Parmesan, Knoblauch und der Petersilie bestreuen. Vorsichtig einrollen und mit einem Zahnstocher feststecken. Dicht nebeneinander in eine größere Pfanne legen.

Die Tomatensauce mit einem Pürierstab glatt pürieren, über die Omeletts gießen, einen Deckel auflegen und alles durcherhitzen. Vom Herd nehmen und sofort servieren.

CRESPELLE AL PROSCIUTTO E FORMAGGIO

Herzhafte Pfannkuchen mit Schinken und Käse

Diese Pfannkuchen machen richtig satt und kommen trotz ihrer Einfachheit immer gut an, vor allem bei Kindern. Sie können sie mit jedem beliebigen Käse oder Fleisch füllen, das Sie gerade vorrätig haben. Die Pfannkuchen können gut im Voraus zubereitet werden, sodass man sie vor dem Servieren nur noch schnell überbacken muss. Mit einem knackigen Salat sind sie eine köstliche Mahlzeit.

Ergibt 8 Pfannkuchen, 4 Portionen
250 g Mehl (Type 550)
1 Prise Meersalz
4 Bio-Eier (Größe M)
500 ml Milch
40 g Butter, zerlassen, plus mehr zum Braten und für die Form
8 EL Ricotta
300 g gekochter Schinken, grob gehackt
2 Kugeln Mozzarella (je 125 g), abgetropft und grob gehackt
Butterflöckchen zum Belegen
30 g geriebener Parmesan

Mehl und Salz in eine Schüssel sieben und mit den Eiern verquirlen. Nach und nach die Milch unterrühren, bis ein glatter, klümpchenfreier Teig entsteht. Die zerlassene Butter unterrühren.

Den Backofen auf 180 °C (Umluft) vorheizen. Eine Auflaufform mit etwas Butter fetten.

Eine beschichtete Pfanne (etwa 20 cm Ø) bei mittlerer bis hoher Temperatur erhitzen, mit etwas Butter einfetten und dann eine Kelle Teig in die Mitte geben. Die Pfanne schwenken, sodass der Teig nach allen Seiten verläuft, und etwa 1 Minute backen, bis die Unterseite goldgelb ist. Dann wenden und nochmals 1 Minute backen. Auf einem Teller beiseitestellen. Den Vorgang wiederholen, bis der Teig aufgebraucht ist.

Die Pfannkuchen jeweils mit 1 EL Ricotta bestreichen, dann etwas Schinken und Mozzarella darauf verteilen. Die Pfannkuchen einrollen, dabei darauf achten, dass die Füllung nicht herausfällt. Dann leicht überlappend in der eingefetteten Form platzieren. Mit Butterflöckchen belegen und mit dem geriebenen Parmesan bestreuen.

10–15 Minuten im Ofen backen, bis der Mozzarella schön geschmolzen ist. Herausnehmen und sofort servieren.

GNOCCHI ALLA GRATIROUELA

Eier-Parmesan-Gnocchi

Diese weichen Gnocchi kommen aus der Lombardei in Norditalien. Sie werden einfach mit Mehl, Wasser, Käse und Eiern zubereitet und sind eine wahre Köstlichkeit. Sie sind nach dem Kochen so weich, dass man sie vorsichtig behandeln muss und zwischendurch nicht mit einem Löffel umrühren sollte, damit sie nicht auseinanderfallen.

4 Portionen

Für die Gnocchi

30 g Butter
Meersalz
250 g Mehl (Type 00), plus mehr zum Arbeiten
160 g geriebener Parmesan, plus mehr zum Servieren
6 Bio-Eigelb (Größe M)

Für die Tomatensauce

2 EL natives Olivenöl extra
½ Zwiebel, fein gehackt
400 g gehackte Tomaten (aus der Dose)
einige Basilikumblätter, grob gehackt
Meersalz

Für die Gnocchi 500 ml Wasser, Butter und 1 Prise Salz in einem mittelgroßen Topf zum Kochen bringen. Dann nach und nach das Mehl einrühren. Die Temperatur reduzieren und das Ganze so lange umrühren, bis sich die Masse vom Topfrand löst. Den Topf vom Herd nehmen und die Masse vollständig abkühlen lassen.

Anschließend etwas geriebenen Parmesan und 1 Eigelb hinzufügen und gründlich unterschlagen. Unter ständigem Rühren nach und nach den übrigen Parmesan und das restliche Eigelb einarbeiten. Die Masse auf eine leicht bemehlte Arbeitsfläche geben und vorsichtig zu einem glatten Teig verkneten. 30 Minuten unabgedeckt ruhen lassen.

Für die Tomatensauce das Olivenöl in einem Topf erhitzen und die Zwiebel darin bei mittlerer Temperatur weich dünsten. Die Tomaten hinzufügen, die Dose mit Wasser ausspülen (etwa zur Hälfte füllen) und zusammen mit den Basilikumblättern und etwas Salz dazugeben.

Fortsetzung auf der übernächsten Seite

Den Gnocchi-Teig vierteln und jedes Stück zu einer langen Rolle formen. Diese in kleine, jeweils etwa 2,5–3 cm lange Gnocchi schneiden. Die Gnocchi mithilfe eines gerillten Bretts oder einer Gabel mit dem typischen Muster versehen.

In einem großen Topf Salzwasser zum Kochen bringen, die Gnocchi hineingeben und kochen, bis sie an der Oberfläche schwimmen. Dann vorsichtig mit einem Schaumlöffel herausheben und ein paar davon auf einen großen Teller oder in eine Schüssel geben. Etwas Tomatensauce darübergießen, dann wieder ein paar Gnocchi, und so fortfahren, bis alles aufgebraucht ist. Mit einer Lage Tomatensauce abschließen. Etwas Parmesan darüberstreuen und sofort servieren.

PASTA

TESTAROLI

Pasta aus Lunigiana

Diese alte Nudelform aus Lunigiana in der nördlichen Toskana wird einfach aus Mehl und Wasser zubereitet und traditionell in einem heißen, flachen Terrakotta- oder gusseisernen Topf, dem *Testo*, gegart. Aber die Zubereitung funktioniert auch in einer Pfanne mit dickem Boden. Wenn der pfannkuchenartige, dickliche Teig von beiden Seiten gebacken ist, wird er rautenförmig geschnitten und in einem Topf mit kochendem Salzwasser wie Gnocchi gekocht.
In den lokalen *Trattorie* werden diese Nudeln mit Basilikumpesto serviert.

4 Portionen

Für das Pesto
3 Handvoll frische Basilikumblätter
50 g geriebener Parmesan
ca. 50 ml natives Olivenöl extra

Für den Nudelteig
300 g Mehl (Type 00)
Meersalz
Olivenöl für die Pfanne

Für das Pesto alle Zutaten in einen kleinen Mixer geben und zu einer glatten Masse verarbeiten. Eventuell noch etwas Olivenöl dazugeben, aber nicht zu viel. Zur Seite stellen.

Für den Nudelteig Mehl und 1 Prise Salz in eine Schüssel geben, dann nach und nach 450 ml Wasser unterrühren, bis ein glatter Teig entsteht.

Eine kleine Pfanne (etwa 20 cm Ø) bei hoher Temperatur erhitzen, mit etwas Olivenöl auspinseln und dann eine Kelle Teig hineingeben. Etwa 3 Minuten von einer Seite backen, dann wenden und von der anderen Seite noch 1 Minute backen. Auf einen Teller legen und beiseitestellen. Die Pfanne wieder mit etwas Olivenöl ausstreichen und so fortfahren wie beschrieben.

Die Teigkreise in 4 cm breite Streifen und dann in 8 cm lange Rauten schneiden – dabei werden manche etwas kleiner, aber das macht nichts.

In einem großen Topf Salzwasser zum Kochen bringen, einige *Testaroli* hineingeben und ein paar Minuten kochen, bis sie an der Oberfläche schwimmen. Mit einem Schaumlöffel in eine ofenfeste Form geben und warm halten. Währenddessen die restlichen *Testaroli* kochen.

Das Pesto in eine große Servierschüssel geben, die *Testaroli* hinzufügen und alles mit etwas heißem Nudelwasser sorgfältig vermischen. Sofort servieren.

NICHOLLS
AXMINSTER

PASTA ALLO SCARPARIELLO

Neapolitanische Pasta mit Tomaten und Käse

Diese neapolitanischen Nudeln sollen aus dem Schuhmacherviertel stammen (daher der Name, *Scarpaio* bedeutet Schuhhändler), wo man die Pasta mit übriger Tomatensauce vom Sonntagsragout und ein paar Stücken Käse verfeinerte. Ich habe allerdings frische Tomaten und eine Mischung aus geriebenem Pecorino und Parmesan genommen, damit die Sauce schön cremig wird. Man könnte auch meinen, es sei fast wie *Cacio e pepe* mit Tomaten und Chili. Mit nur wenigen Zutaten ist dies ein einfaches, köstliches und nahrhaftes Gericht, und ich bin sicher, es wird bald zu Ihren Lieblingsspeisen gehören.

Paccheri sind typisch neapolitanische Nudeln, die wie große Röhren geformt sind. Sie können sie auch durch Spaghetti oder Linguine ersetzen, wenn Sie mögen.

4 Portionen
Meersalz
320 g Paccheri
5 EL natives Olivenöl extra
2 Knoblauchzehen, leicht zerstoßen, aber noch ganz
½ rote Chilischote, fein gehackt
500 g kleine Flaschentomaten, halbiert
8 frische Basilikumblätter, plus mehr zum Garnieren
50 g geriebener Pecorino
50 g geriebener Parmesan

Salzwasser in einem großen Topf zum Kochen bringen und die *Paccheri* nach Packungsangabe *al dente* garen.

Das Olivenöl in einer großen Pfanne erhitzen, Knoblauch und Chili hinzufügen und bei mittlerer Temperatur 1 Minute anschwitzen. Tomaten, Basilikum und etwas Salz hinzufügen und etwa 7 Minuten garen, bis die Tomaten weich sind.

Die Nudeln abgießen, dabei ein paar Esslöffel Kochwasser auffangen. Die Nudeln zu den Tomaten geben, den Pecorino und Parmesan sowie das heiße Kochwasser hinzufügen, alles gut umrühren und bei mittlerer Temperatur etwa 1 Minute erhitzen.

Vom Herd nehmen und sofort servieren.

LINGUINE ALLA PUTTANESCA

Linguine mit Tomaten, Kapern und schwarzen Oliven

Dieses neapolitanische Gericht wird manchmal auch *Pasta alla marinara* oder einfach nach den in diesem Teil Italiens verbreiteten Zutaten *con olive e capperi* genannt. Der Name *puttanesca* kam in der Mitte des 20. Jahrhunderts auf, als behauptet wurde, dass man dieses Gericht in den Bordellen von Neapel servierte – *Puttana* bedeutet »Hure«. Einer weiteren Theorie zufolge kreierte ein Restaurantbetreiber auf der Insel Ischia dieses Gericht, als eine Gruppe spätabendlicher Gäste ihn bat, ihnen *una puttanata qualsiasi* zuzubereiten – also mit allem, was gerade vorhanden war. Und genau das tat er mit den Zutaten, die er noch in seiner Küche fand. Was auch immer der Ursprung dieses Namens ist, dieses würzige Nudelgericht ist schnell und einfach aus Zutaten aus dem Vorratsschrank zubereitet.

4 Portionen
4 EL natives Olivenöl extra
4 Knoblauchzehen, leicht zerstoßen, aber noch ganz
4 Sardellenfilets
½ rote Chilischote, fein gehackt
40 g Kapern
800 g gehackte Tomaten (aus der Dose)
etwas getrockneter Oregano
Meersalz
80 g entsteinte schwarze Oliven
320 g Linguine
1 Handvoll glatte Petersilie, fein gehackt

Das Olivenöl in einer großen Pfanne erhitzen, Knoblauch, Sardellenfilets, Chili und Kapern hinzufügen und bei mittlerer Temperatur etwa 2 Minuten anschwitzen, bis sich die Sardellenfilets auflösen. Die Tomaten, den Oregano und etwas Salz unterrühren.

Einen Topfdeckel auflegen und alles bei mittlerer bis schwacher Temperatur 15 Minuten köcheln lassen. Die Oliven hinzufügen und noch 10 Minuten weiterköcheln.

Salzwasser in einem großen Topf zum Kochen bringen, die Linguine hineingeben und nach Packungsangabe *al dente* garen.

Abgießen, dabei etwas Kochwasser auffangen, und beides zur Tomatensauce geben. Sorgfältig vermischen und bei hoher Temperatur erhitzen. Vom Herd nehmen, den Knoblauch entfernen, die Petersilie untermischen und sofort servieren.

PASTA E PATATE

Nudeln mit Kartoffeln

Dieses leckere Gericht erinnert mich an meine Kindheit. Wir haben es oft gegessen, vor allem im Winter. Es wird ganz einfach in einem Topf zubereitet, und ich bin mir sicher, Sie werden es mögen und immer wieder kochen. Lassen Sie für Vegetarier den Pancetta weg und achten Sie darauf, dass der Käse vegetarisch ist. Ich mag den leicht rauchigen Geschmack von Scamorza, aber wenn Sie ihn nicht bekommen, nehmen Sie einfach einen anderen Käse, den Sie gerade vorrätig haben, oder fügen Sie noch mehr Parmesan hinzu. Die Zugabe der Parmesanrinde verleiht dem Gericht zusätzliches Aroma und ist eine tolle Möglichkeit, alle Teile vom Käse zu verwerten. Auch die verschiedenen Nudelformen sind prima, um Reste von Pasta aufzubrauchen, aber Sie können auch nur eine Form nehmen, wenn Ihnen das lieber ist.

4 Portionen
5 EL natives Olivenöl extra
60 g Pancetta, fein gehackt
1 Zwiebel, fein gehackt
1 kleine Karotte, fein gehackt
1 Handvoll Staudenselleriebätter, grob gehackt
8 kleine Flaschentomaten, halbiert
900 g Kartoffeln, geschält und in kleine Würfel geschnitten
30 g Parmesanrinde, fein gehackt
Meersalz
300 g Tubetti oder Maccaroni, zerteilte Spaghetti oder Tagliatelle, oder eine Mischung
160 g Scamorza, fein gewürfelt
schwarzer Pfeffer aus der Mühle
geriebener Parmesan (nach Belieben) zum Servieren

Das Olivenöl in einem großen Topf bei mittlerer Temperatur erhitzen und den Pancetta einige Minuten unter Rühren braten, bis er Farbe nimmt. Zwiebel, Karotte, Sellerieblätter und Tomaten hinzufügen und 2–3 Minuten mitbraten. Kartoffeln, Parmesanrinde und etwas Salz dazugeben und mit heißem Wasser bedecken. Einen Topfdeckel auflegen und alles 40 Minuten garen.

Die Nudeln hinzufügen, mit mehr heißem Wasser bedecken und bei mittlerer Temperatur 10–15 Minuten weiterkochen, bis die Nudeln *al dente* sind und die meiste Flüssigkeit aufgesogen ist. (Insgesamt wird ungefähr 1 l heißes Wasser verwendet.)

Vom Herd nehmen, den Scamorza unterrühren und ein paar Minuten ruhen lassen. Mit schwarzem Pfeffer und Parmesan bestreut servieren.

SPAGHETTI AMMUDDICATA

Spaghetti mit Sardellen und Semmelbröseln

Dieses schlichte Rezept ist ein echtes Symbol der *Cucina povera*, mischte man dafür doch Brotreste unter Nudelgerichte wie dieses. Gerne kombinierte man sie mit Sardellenfilets, die in Süditalien leicht erhältlich und preiswert waren. Es wirkt vielleicht wie ein ärmliches Gericht, aber mit guten Semmelbröseln, Sardellenfilets und einem hochwertigen Olivenöl kommt das Aroma der Pasta besonders gut zur Geltung. Ich bin sicher, dass es bald zu Ihren Lieblingsspeisen gehören wird. Wenn Sie die Möglichkeit haben, machen Sie selbst Semmelbrösel aus gutem Bauernbrot, dadurch wird das Gericht noch besser.

4 Portionen
Meersalz
320 g Spaghetti
4 EL natives Olivenöl extra, plus mehr zum Beträufeln
40 g Semmelbrösel von guter Qualität (am besten selbst gemacht)
2 Knoblauchzehen, leicht zerstoßen, aber noch ganz
4 Sardellenfilets
1 Handvoll glatte Petersilie, fein gehackt
1 TL getrocknete Chiliflocken
etwas Zitronensaft zum Servieren

Salzwasser in einem großen Topf zum Kochen bringen und die Spaghetti nach Packungsangabe *al dente* garen. Die Nudeln abgießen, dabei etwas Kochwasser auffangen.

1 EL Olivenöl in einer kleinen, beschichteten Pfanne bei mittlerer bis hoher Temperatur erhitzen, die Semmelbrösel hineingeben und in etwa 1 Minute goldbraun rösten. Aufpassen, dass sie nicht anbrennen. Die Pfanne vom Herd nehmen und die Semmelbrösel auf einem Teller beiseitestellen.

In einer größeren Pfanne restliches Olivenöl bei mittlerer Temperatur erhitzen, Knoblauch und Sardellenfilets hinzufügen und anschwitzen, bis sich die Sardellenfilets auflösen. Die Temperatur erhöhen, die abgetropften gekochten Spaghetti und etwas Kochwasser hinzufügen und etwa 1 Minute unter Rühren darin erhitzen.

Die Pfanne vom Herd nehmen, Petersilie, Chiliflocken und geröstete Semmelbrösel hinzufügen und sofort mit etwas Zitronensaft beträufelt servieren.

ORECCHIETTE CON BROCCOLI

Orecchiette mit Brokkoli

Dieses klassische Nudelgericht aus Apulien wird normalerweise mit *Cime di rape* (Stängelkohl) gemacht, den man jedoch außerhalb von Italien nur schwer bekommt. Brokkoli ist ein guter Ersatz dafür, er ist preiswert, leicht erhältlich und voller Vitamine und anderer Nährstoffe. Dieses einfache Gericht wird aus ganz wenigen Zutaten zubereitet. Die Sardellen verleihen ihm ein leicht salziges Aroma, aber Sie können sie auch weglassen.

4 Portionen
2 Köpfe Brokkoli (ca. 650 g), in Röschen zerteilt
Meersalz
4 EL natives Olivenöl extra
4 Knoblauchzehen, fein gehackt
½ rote Chilischote, fein gehackt
4 Sardellenfilets
300 g Orecchiette

Die Brokkoliröschen in einem großen Topf mit leicht gesalzenem Wasser in etwa 10 Minuten weich kochen.

Das Olivenöl in einer großen Pfanne erhitzen, Knoblauch, Chili sowie Sardellenfilets hinzufügen und bei mittlerer Temperatur anschwitzen, bis sich die Sardellenfilets aufgelöst haben.

Den Brokkoli mit einem Schaumlöffel aus dem Wasser heben und in die Pfanne geben. Unter Rühren ein paar Minuten braten.

Das Kochwasser vom Brokkoli wieder aufkochen und die *Orecchiette* nach Packungsangabe *al dente* garen.

Ein paar Esslöffel heißes Nudelwasser in die Pfanne geben und alles noch ein paar Minuten weitergaren. Den Brokkoli leicht zerdrücken.

Orecchiette mit einem Schaumlöffel aus dem Wasser heben und zum Brokkoli geben. Alles sorgfältig mischen und bei Bedarf noch etwas Nudelwasser unterziehen. Bei mittlerer Temperatur erhitzen, vom Herd nehmen und sofort servieren.

TORTELLI AL MAGRO

Mit Mangold gefüllte Tortelli

In der italienischen Küche bedeutet *al magro*, dass ein Gericht einfach und fleischlos ist. Speisen, die *al magro* waren, wurden gerne freitags und in der Fastenzeit gegessen, wenn Fleisch aus religiösen Gründen verboten war. Manche Familien beachten diese Regel heute noch. Mit regionalem Blattgemüse und Käse gefüllte Pasta, wie dieser Klassiker der norditalienischen Küche, galt als *di magro*, weil sie aus nur wenigen, leicht erhältlichen Zutaten gekocht wird.

Ich mag den Geschmack von Mangold, der sehr gut zu diesem Rezept passt, aber Sie können ihn auch durch Blattspinat ersetzen. Diese Tortelli sind halbmondförmig, aber man kann den Teig auch in quadratische Ravioli oder eine andere Pastaform zum Füllen verarbeiten. Diese köstlichen Nudelpäckchen, die mit einer reichhaltigen Butter-Salbei-Sauce serviert werden, machen Lust auf mehr.

4 Portionen (ergibt etwa 30 Tortelli)
Für den Nudelteig
200 g Mehl (Type 00), plus mehr zum Arbeiten
2 Bio-Eier (Größe M)
Meersalz

Für die Füllung
400 g Mangold
etwas natives Olivenöl extra
1 Knoblauchzehe, leicht zerstoßen, aber noch ganz
100 g Ricotta, abgetropft
25 g geriebener Parmesan, plus mehr zum Servieren
1 Bio-Ei (Größe M)
Meersalz und schwarzer Pfeffer aus der Mühle

Für die Sauce
100 g Butter
8 frische Salbeiblätter

Fortsetzung auf der übernächsten Seite

Für den Nudelteig das Mehl in eine Rührschüssel geben oder auf einer sauberen Arbeitsfläche anhäufeln. Eine Mulde in der Mitte formen und die Eier hineinschlagen. Mit einer Gabel Mehl und Eier nach und nach vermischen, dann alles von Hand zu einem glatten Teig verkneten.

Den Teig zu einer Kugel formen, in Frischhaltefolie wickeln und etwa 30 Minuten im Kühlschrank ruhen lassen.

Für die Füllung Wasser in einem Topf zum Kochen bringen. Den Mangold von den Stielen befreien (für ein anderes Rezept verwenden). Die Blätter in das kochende Wasser geben und etwa 5 Minuten blanchieren, dann abseihen und gut abtropfen lassen.

Etwas Olivenöl in einer Pfanne erhitzen, den Knoblauch bei mittlerer Temperatur 1 Minute sautieren, dann den Mangold untermengen und ein paar Minuten unter Rühren mitbraten.

Vom Herd nehmen, die Knoblauchzehe entfernen und den Mangold abkühlen lassen. Dann von Hand überschüssige Flüssigkeit ausdrücken. Das Blattgemüse fein hacken, dann mit Ricotta, Parmesan, Ei sowie etwas Salz und Pfeffer vermengen. Zur Seite stellen.

Den Nudelteig auf einer bemehlten Arbeitsfläche hauchdünn ausrollen. Alternativ mit einer Nudelmaschine auf kleinster Stufe arbeiten. Mit einem Ausstecher etwa 8 cm große Kreise ausstechen (ca. 30 Stück). Jeweils einen Klecks Füllung mittig darauf platzieren, den Rand mit etwas Wasser bestreichen und zu einem Halbmond zusammenklappen. Mit leichtem Druck verschließen und zum Schluss die Ränder mit einer Gabel eindrücken.

In einem großen Topf Salzwasser zum Kochen bringen, die Tortelli hineingeben und etwa 5 Minuten garen – probieren, ob sie fertig sind!

Währenddessen für die Sauce die Butter in einer großen Pfanne bei mittlerer Temperatur zerlassen, die Salbeiblätter hineingeben und darin erhitzen, bis die Butter schäumt. Die Tortelli mit einem Schaumlöffel aus dem kochenden Wasser heben, zur Salbeibutter geben und vorsichtig vermengen.

Vom Herd nehmen und mit Parmesan bestreut servieren.

GRAND PRIZE
PARIS 1900
ST. LOUIS 1904

PASTA AL FORNO CON MELANZANE

Auberginen-Nudel-Auflauf

Nudelaufläufe sind in Italien sehr beliebt und nicht nur eine tolle Möglichkeit, Reste zu verwerten, sondern auch, um Pastagerichte noch reichhaltiger zu machen. Nudelaufläufe können wie so manches Lasagne-Rezept aufwendig sein, jedoch ebenso schnell und einfach gehen wie dieser Auflauf mit Auberginen und Tomatensauce.

4 Portionen

2 EL natives Olivenöl extra
2 Knoblauchzehen, leicht zerstoßen, aber noch ganz
2 Basilikumstängel, grob gehackt
600 g Tomatenpassata
Meersalz
Pflanzenöl zum Braten
500 g Auberginen, in kleine Würfel geschnitten
300 g Fusilli oder Spirali
1 Handvoll frische Basilikumblätter
1 Kugel Mozzarella (125 g), abgetropft und grob gehackt
70 g geriebener Parmesan

Das Olivenöl in einem Topf erhitzen, den Knoblauch und die Basilikumstängel hinzufügen und bei mittlerer Temperatur etwa 1 Minute anbraten. Die Tomatenpassata und etwas Salz dazugeben und bei mittlerer bis hoher Temperatur etwa 30 Minuten köcheln lassen.

Während die Sauce sprudelnd köchelt, etwas Pflanzenöl in einer großen, tiefen Pfanne erhitzen, dann ein paar Auberginenwürfel hinzufügen und unter Rühren bei mittlerer bis hoher Temperatur etwa 5 Minuten goldbraun braten. Die Auberginen müssen portionsweise sautiert werden, zwischendurch das Öl immer wieder erhitzen. Die Portionen mit einem Schaumlöffel herausnehmen und auf Küchenpapier abtropfen lassen.

Die Nudeln nach Packungsangabe in kochendem Salzwasser *al dente* garen. Gut abtropfen lassen und zur Seite stellen.

Den Backofen auf 180 °C (Umluft) vorheizen.

Die Knoblauchzehen aus der Tomatensauce entfernen. Die Sauce mit den gebratenen Auberginen, den gekochten Nudeln, Basilikumblättern und drei Viertel des Mozzarellas sowie mit der Hälfte des geriebenen Parmesans vermischen.

In eine Auflaufform füllen und mit dem restlichen Mozzarella und geriebenen Parmesan bestreuen. Im Ofen in etwa 20–25 Minuten goldbraun backen. Herausnehmen und vor dem Servieren noch 5 Minuten ruhen lassen.

SAGNE E FAGIOLI ALLA CIOCIARA

Pasta mit Bohnen aus Ciociara

Dieses herzhafte Bauerngericht ist ein Rezept aus Ciociara, einer einst verarmten Gegend südöstlich von Rom. Jede Familie bereitet es auf ihre eigene Weise zu und man bekommt es auch in regionalen Restaurants. Von *Sagne e fagioli* gibt es viele Varianten, aber immer wird es mit einer einfachen, selbst gemachten Pasta aus Mehl und Wasser sowie Cannellini-Bohnen zubereitet. Wenn Sie die Nudeln nicht selbst machen wollen, können Sie Pappardelle ohne Ei kaufen und in kleine Stücke schneiden. Und wenn Sie nicht viel Zeit haben, nehmen Sie 400 g Cannellini-Bohnen aus der Dose (Nettogewicht) anstelle von getrockneten Bohnen.

4 Portionen

Für die Bohnen

250 g getrocknete Cannellini-Bohnen, über Nacht in kaltem Wasser eingeweicht, oder 800 g Cannellini-Bohnen (aus der Dose)
3 EL natives Olivenöl extra, plus mehr zum Beträufeln
100 g Pancetta, fein gehackt
1 Knoblauchzehe, zerdrückt
1 Zweig Rosmarin
Meersalz und schwarzer Pfeffer aus der Mühle

Für die Nudeln

300 g Mehl (Type 00), plus mehr zum Arbeiten
Meersalz

Die eingeweichten Bohnen abgießen und abspülen, dann mit ausreichend Wasser in einem großen Topf etwa 40 Minuten kochen, bis sie weich sind – zur Garzeit die Packungsangabe beachten.

Für die Nudeln das Mehl in eine große Schüssel geben, nach und nach 270 ml Wasser hinzufügen und alles zu einem glatten Teig vermengen. Zu einer Kugel formen und bei Zimmertemperatur etwa 20 Minuten ruhen lassen. Den Teig auf einer leicht bemehlten Arbeitsfläche so dünn wie möglich zu einem Rechteck ausrollen. In 1 cm breite Streifen schneiden, dann in kleine, etwa 3 cm lange Rechtecke oder Rauten. Zur Seite legen.

Das Olivenöl in einer großen, tiefen Pfanne erhitzen, Pancetta und Knoblauch hinzufügen und bei mittlerer Temperatur etwa 5 Minuten braten, bis der Bauchspeck goldbraun ist. Die gekochten Bohnen abgießen, dabei etwas Kochwasser auffangen, und alles zusammen mit Rosmarin sowie etwas Salz und Pfeffer dazugeben. Bei mittlerer Temperatur ein paar Minuten kochen, bis sich die Aromen entfaltet haben.

Die Nudeln in einem großen Topf mit kochendem Salzwasser etwa 1 Minute *al dente* garen, bis sie an der Oberfläche schwimmen. Mit einem Schaumlöffel herausnehmen, abtropfen lassen und zu den Bohnen geben. Die Temperatur erhöhen, alles sorgfältig vermischen und noch etwa 1 Minute erhitzen.

Vom Herd nehmen, nach Belieben den Rosmarinzweig entfernen und sofort mit etwas Olivenöl und frisch gemahlenem schwarzen Pfeffer servieren.

PASTA AL CAVOLFIORE AL FORNO

Nudelauflauf mit Blumenkohl

Dieser leckere Nudelauflauf ist eine prima Möglichkeit, Blumenkohl einmal anders zuzubereiten. Sie können stattdessen auch Brokkoli oder Romanesco verwenden, wenn Sie sie vorrätig haben. Für Vegetarier den Schinken einfach weglassen, und wenn Sie einen anderen Käse haben, den Sie verwerten möchten, achten Sie darauf, dass er für Vegetarier geeignet ist.

4 Portionen

20 g Butter, plus mehr für die Form
3 EL natives Olivenöl extra
2 Knoblauchzehen, leicht zerstoßen, aber noch ganz
500 g Blumenkohlröschen
Meersalz und schwarzer Pfeffer aus der Mühle
250 g Sedani oder Pennette
60 g geriebener Parmesan
1 Kugel Mozzarella (125 g), abgetropft und grob gehackt
50 g gekochter Schinken, fein gehackt
15 g Semmelbrösel

Den Backofen auf 180 °C (Umluft) vorheizen. Eine Auflaufform mit etwas Butter fetten.

Das Olivenöl in einer großen, tiefen Pfanne erhitzen, den Knoblauch hineingeben und bei mittlerer Temperatur 1 Minute anschwitzen, dann die Blumenkohlröschen zufügen und ein paar Minuten mitbraten. Ungefähr 300 ml heißes Wasser zugießen, sodass das Gemüse knapp bedeckt ist, dann einen Topfdeckel auflegen und den Blumenkohl in 15–20 Minuten weich garen.

Den Blumenkohl im Kochwasser mit einer Gabel leicht zerstampfen, aber nicht zu sehr, damit er noch etwas Biss hat. Mit Salz und Pfeffer würzen, dann noch etwas heißes Wasser und die Nudeln dazugeben und bei mittlerer Temperatur kochen, bis die Nudeln *al dente* sind (siehe Packungsangabe). Eventuell noch weiteres heißes Wasser zugeben – ich habe insgesamt 640 ml verwendet. Die genaue Menge hängt von den Nudeln ab.

Die Pfanne vom Herd nehmen, die Butter, 50 g Parmesan, drei Viertel des Mozzarellas und den gesamten Schinken untermischen. Die Masse in die Auflaufform füllen und mit restlichem Mozzarella und Parmesan sowie den Semmelbröseln bestreuen.

Etwa 30 Minuten im Ofen backen, bis die Oberfläche goldbraun und knusprig ist. Herausnehmen und vor dem Servieren noch 5 Minuten ruhen lassen.

PASTA CON LE CASTAGNE E CECI

Nudeln mit Kastanien und Kichererbsen

In meiner Kindheit aß man im Winter in Italien gern Kastanien. Man genoss sie nicht nur als nahrhaften Snack, sondern verarbeitete sie auch in leckeren Rezepten oder zu Mehl. Sie galten einst als »Nahrungsmittel der Armen«, weil man sie leicht bekommen konnte und weil sie so viele Nährstoffe enthalten.

Um diesem herzhaften Nudelgericht ein noch rustikaleres Aroma zu geben, habe ich Kastanien mit Kichererbsen kombiniert. Man kann die Esskastanien fertig gegart und vakuumiert erwerben, aber ich kaufe sie während der Saison lieber roh (nicht nur, weil sie dann frischer, sondern auch weil sie billiger sind!) und koche sie mit ein paar Lorbeerblättern oder röste sie im heißen Ofen und schäle sie anschließend. Die Sardellenfilets sorgen für salzige Würze, aber lassen Sie sie weg, wenn Sie Vegetarier sind.

4 Portionen
2 EL natives Olivenöl extra
2 Knoblauchzehen, leicht zerstoßen, aber noch ganz
2 Sardellenfilets (nach Belieben)
1 rote Chilischote, fein gehackt
2 Zweige Rosmarin, Nadeln fein gehackt
140 g gegarte, geschälte Esskastanien, grob gehackt
300 g Kichererbsen (aus der Dose), mit Einlegeflüssigkeit
300 g Gnocchetti oder Orecchiette
ca. 1,5 l Gemüsebrühe

Das Olivenöl in einer großen, tiefen Pfanne erhitzen, den Knoblauch, nach Belieben die Sardellenfilets, die Chilischote und den Rosmarin hinzufügen und bei mittlerer Temperatur etwa 1 Minute anschwitzen. Die Kastanien und die Kichererbsen, inklusive der Flüssigkeit, untermengen und 1 weitere Minute erhitzen.

Nudeln und Brühe hinzufügen (diese wie bei Risotto nach und nach dazugießen, denn eventuell wird nicht alles davon gebraucht), zum Köcheln bringen und bei mittlerer Temperatur etwa 15 Minuten kochen (die Garzeit der Nudeln auf der Packungsangabe beachten), bis die Pasta *al dente* und die Flüssigkeit dicklich eingekocht ist.

Vom Herd nehmen, den Knoblauch entfernen und sofort servieren.

LASAGNE CON SALSICCIA E BROCCOLI

Lasagne mit Salsiccia und Brokkoli

Salsiccie e broccoli ist in Süditalien sehr beliebt. Es wird mit Salsiccia-Würsten und dem regional angebauten, leicht bitteren *Cime di rape* (Stängelkohl) zubereitet und meist als Hauptgang serviert. Ich habe mit diesen beliebten Zutaten eine nahrhafte Lasagne gemacht. Anstelle von *Cime di rape*, den man nur schwer bekommt, habe ich Brokkoliröschen genommen, sie gekocht und püriert. Dieses Rezept ist einfach zuzubereiten, eine Alternative zur klassischen Lasagne und noch dazu sehr sättigend.

4 Portionen

350 g Brokkoliröschen
Meersalz
3 EL natives Olivenöl extra
1 Knoblauchzehe, leicht zerstoßen, aber noch ganz
300 g Salsiccia-Würste
½ Zwiebel, fein gehackt
ca. 6 Lasagneblätter
40 g geriebener Parmesan

Für die Béchamelsauce

40 g Butter
40 g Mehl
500 ml Milch
Meersalz und schwarzer Pfeffer aus der Mühle
1 Prise frisch geriebene Muskatnuss
10 g geriebener Parmesan

Den Brokkoli in kochendem Salzwasser etwa 5 Minuten garen, abgießen und dabei etwas Kochwasser auffangen.

2 EL Olivenöl in einer Pfanne bei mittlerer Temperatur erhitzen, den Knoblauch 1 Minute sautieren, dann den Brokkoli untermengen und 5 Minuten unter Rühren mitbraten. Die Pfanne vom Herd nehmen und mit einem Pürierstab den Brokkoli mit dem aufgefangenen Kochwasser glatt pürieren. Zur Seite stellen.

Die Würste aus der Pelle drücken und das Fleisch zerkrümeln. Das restliche Olivenöl in einer separaten Pfanne erhitzen, die Zwiebel bei mittlerer Temperatur etwa 5 Minuten weich dünsten. Das zerkrümelte Wurstbrät hineingeben, leicht salzen und bei mittlerer Temperatur etwa 10 Minuten unter Rühren goldbraun braten.

Für die Béchamelsauce die Butter in einem kleinen Topf zerlassen, vom Herd nehmen und das Mehl zügig einrühren. Nach und nach mit der Milch verquirlen. Wieder auf den Herd stellen und bei schwacher Temperatur unter ständigem Rühren dicklich einkochen. Vom Herd nehmen, mit Salz, Pfeffer sowie Muskat würzen und den Parmesan unterrühren.

Den Backofen auf 180 °C (Umluft) vorheizen.

Etwas Béchamelsauce auf den Boden einer Auflaufform streichen, zwei Lasagneblätter und eine Lage Brokkoli daraufgeben. Mit ein paar Salsiccia-Stücken und etwas geriebenem Parmesan bestreuen. So fortfahren und weitere Schichten einfüllen, bis alle Zutaten aufgebraucht sind. Mit Béchamelsauce und geriebenem Parmesan abschließen.

Die Form mit Alufolie abdecken und den Auflauf 30 Minuten im Ofen backen. Die Folie abnehmen und noch weitere 15 Minuten backen, bis der Auflauf goldgelb ist und sich Blasen bilden.

Aus dem Ofen nehmen, 5 Minuten ruhen lassen und dann servieren.

PASTA E PISELLI CREMOSI

Nudeln mit cremiger Erbsensauce

Dieser sättigende Eintopf ist eine Variante der traditionellen *Pasta e piselli*. Die Hälfte der Erbsen wird püriert, damit die Konsistenz cremiger wird, und die ungekochten Nudeln werden ähnlich wie ein Risotto darin gegart. Je nach Nudelsorte benötigt man mehr oder weniger Brühe. Wenn Sie Vegetarier sind, den Pancetta einfach weglassen und den Parmesan durch einen ähnlichen, vegetarischen Hartkäse ersetzen. Dieses schnelle und einfache Gericht mit vielen Zutaten aus dem Vorratsschrank wird sicher bald einen festen Platz unter Ihren Lieblingsrezepten einnehmen.

4 Portionen
4 EL natives Olivenöl extra
1 Zwiebel, fein gehackt
60 g Pancetta, fein gehackt
360 g TK-Erbsen
ca. 1,5 l heiße Gemüsebrühe
320 g Ditalini oder Tubetti
50 g geriebener Parmesan
Meersalz und schwarzer Pfeffer aus der Mühle

Das Olivenöl in einer großen, tiefen Pfanne erhitzen, die Zwiebel und den Pancetta hinzufügen und bei mittlerer Temperatur etwa 4 Minuten braten, bis die Zwiebel weich und der Bauchspeck goldbraun ist. Die Erbsen einrühren und etwa 1 Minute mitgaren. Ein paar Esslöffel Brühe dazugeben und bei mittlerer Temperatur noch ein paar Minuten weiterkochen, bis die Erbsen gar sind.

Die Pfanne vom Herd nehmen, die Hälfte der Erbsenmischung in einen Mixer füllen und glatt pürieren. Die pürierte Masse wieder in die Pfanne geben und die Nudeln sowie die restliche Brühe hinzufügen. Zum Kochen bringen und bei mittlerer bis hoher Temperatur kochen, bis die Nudeln *al dente* sind (zur Garzeit die Packungsangabe beachten).

Vom Herd nehmen und den geriebenen Parmesan unterziehen, mit Salz und Pfeffer abschmecken. Sofort servieren.

RAGÙ DI LENTICCHIE

Linsenragout

Linsen sind eine hervorragende Proteinquelle und ein perfekter Ersatz für eine Hackfleischsauce. Dieses Gericht ist mit Zutaten aus dem Vorratsschrank immer schnell auf den Tisch gebracht. Man kann es auch in größeren Mengen zubereiten und portionsweise einfrieren.

Linsenragout passt perfekt zu Pasta (wie hier), man kann es aber mit etwas Bauernbrot dazu auch pur essen. Am besten eignen sich braune oder grüne Linsen, die man überall bekommt und nicht vorher einweichen muss. Bitte beachten Sie, dass die Mengenangabe für die Brühe ein ungefähres Maß ist und dass auch die Kochzeit, je nach verwendeter Linsensorte, variieren kann.

4 Portionen

3 EL natives Olivenöl extra
1 Zwiebel, fein gehackt
1 Stange Staudensellerie, fein gehackt
1 Karotte, fein gehackt
1 Lorbeerblatt
40 ml Rotwein
200 g getrocknete kleine braune oder grüne Linsen (gewaschen)
1 EL Tomatenmark
ca. 900 ml heiße Gemüsebrühe
1 kleines Stück Parmesanrinde (nach Belieben)
Meersalz
400 g Tagliatelle, Linguine, Spaghetti oder Penne
geriebener Parmesan zum Servieren

Das Olivenöl in einer großen, tiefen Pfanne erhitzen, die Zwiebel, den Staudensellerie, die Karotte und das Lorbeerblatt hinzufügen und bei mittlerer Temperatur etwa 4 Minuten anschwitzen, bis Zwiebel und Sellerie weich sind. Die Temperatur erhöhen, den Wein angießen und verdampfen lassen. Dann die Linsen zugeben. Das Tomatenmark mit etwas Gemüsebrühe verdünnen und unterrühren.

Die Linsen mit heißer Brühe bedecken, die Parmesanrinde (falls verwendet) dazugeben und die Temperatur auf mittlere bis niedrige Stufe reduzieren. Bei halb geöffnetem Deckel etwa 40 Minuten köcheln, bis die Linsen gar sind. Von Zeit zu Zeit prüfen, ob noch Brühe benötigt wird. Gardauer und Flüssigkeitsbedarf hängen von der Linsensorte ab.

Zum Ende der Kochzeit Salzwasser in einem großen Topf zum Kochen bringen und die Nudeln entsprechend der Packungsangabe *al dente* garen.

Die Nudeln abgießen (dabei etwas Kochwasser auffangen) und sorgfältig unter die Linsen mischen. Dann bei hoher bis mittlerer Temperatur ein paar Minuten köcheln, gegebenenfalls noch ein wenig von dem aufgefangenen Kochwasser dazugeben, um das Ragout etwas aufzulockern.

Vom Herd nehmen, mit geriebenem Parmesan bestreuen und sofort servieren.

GEMÜSE

PEPERONI RIPIENI

Gefüllte Paprika

In Italien und anderen Mittelmeerländern ist es gang und gäbe, Gemüse zu füllen, damit es besser sättigt und zu einer vollständigen Mahlzeit wird. Am Ende des Sommers, wenn es in Italien viele Paprikaschoten gibt, ist ein Gericht wie dieses sehr beliebt. Für die Füllung nimmt man dann Brotreste, reife Flaschentomaten und Käse. Um dem Ganzen noch mehr Geschmack zu geben, habe ich Pancetta hinzugefügt, aber wenn Sie Vegetarier sind, lassen Sie ihn weg und nehmen Sie etwas mehr Zwiebeln. Mit einem grünen Salat und Bauernbrot dazu haben Sie eine köstliche Mahlzeit. Man kann die gefüllten Paprikaschoten auch kalt verzehren und dafür dann gut im Voraus zubereiten.

4 Portionen

4 Paprikaschoten (beliebige Farbe)
3 EL natives Olivenöl extra, plus mehr für die Form und zum Beträufeln
100 g Pancetta, fein gehackt
1 kleine Zwiebel, fein gehackt
300 g kleine Flaschentomaten, geviertelt
140 g Brot ohne Rinde, in kleine Stücke zerkrümelt
40 g geriebener Parmesan
50 g Provolone, klein gewürfelt
8 frische Basilikumblätter
Meersalz und schwarzer Pfeffer aus der Mühle

Den Backofen auf 160 °C (Umluft) vorheizen. Eine Auflaufform, in der die 4 Paprikaschoten Platz haben, mit etwas Olivenöl einfetten.

Die Oberseiten der Paprikaschoten abschneiden (sie sollten wie kleine Hüte aussehen) und zur Seite legen. Vorsichtig Kerne und weiße Trennhäute herauslösen.

Das Olivenöl in einer Pfanne erhitzen, Pancetta und Zwiebel hinzufügen und bei mittlerer Temperatur ein paar Minuten anbraten. Die Tomaten dazugeben und in etwa 7 Minuten weich dünsten. Das zerkrümelte Brot unterrühren und alles noch 2–3 Minuten garen, bis die Flüssigkeit aufgenommen ist. Dann die Pfanne vom Herd nehmen und das Ganze abkühlen lassen.

Anschließend den Käse, die Basilikumblätter sowie etwas Salz und Pfeffer unterrühren. Die Paprikaschoten mit der Masse füllen und die Deckel aufsetzen. In die vorbereitete Auflaufform setzen, mit etwas Olivenöl beträufeln, dann mit Alufolie abdecken und 40 Minuten im Ofen backen.

Die Folie abnehmen und weitere 30–40 Minuten backen, bis sie weich sind. Nach der Hälfte der Backzeit die Paprikaschoten vorsichtig wenden, damit sie rundum goldbraun werden.

Aus dem Ofen nehmen, 5 Minuten ruhen lassen und dann servieren.

POMODORI RIPIENI AL FORNO

Gefüllte Ofentomaten

Diese mit ein paar Grundzutaten gefüllten Tomaten aus dem Ofen sind so einfach wie lecker. Je nach Größe Ihrer Tomaten brauchen Sie nicht den ganzen Mozzarella. Wenn Sie etwas übrig haben, können Sie ihn nach dem Entfernen der Alufolie auf die Tomaten legen. Man kann sie als Beilage oder mit etwas Brot und einem grünen Salat als Hauptspeise servieren.

4 Portionen
etwas natives Olivenöl extra
4 große Tomaten
2 Kugeln Mozzarella (je 125 g), abgetropft und in kleine Stücke geschnitten
8 Basilikumblätter
etwas getrockneter Oregano
100 g Semmelbrösel
Meersalz und schwarzer Pfeffer aus der Mühle

Den Backofen auf 160 °C (Umluft) vorheizen. Eine Auflaufform mit etwas Öl fetten.

Die Tomaten vom Strunk befreien und mithilfe eines Löffels aushöhlen. Das entnommene Fruchtfleisch in einem Sieb abtropfen lassen. Anschließend mit Mozzarella, Basilikum, Oregano sowie den Semmelbröseln in einer Schale vermischen, mit Salz und Pfeffer sowie etwas Olivenöl würzen.

Die Tomaten mit dieser Masse füllen und in die Auflaufform setzen. Mit Alufolie abdecken und 15 Minuten im Ofen backen. Dann die Folie abnehmen und noch weitere 15 Minuten backen, bis die Füllung goldbraun ist und sich Blasen bilden.

Aus dem Ofen nehmen, 5 Minuten ruhen lassen und dann servieren.

ZUCCHINE RIPIENE

Gefüllte Zucchini

Diese leckeren Zucchini werden mit Ihren Lieblingszutaten aus dem Vorratsschrank gefüllt! Wenn man sie zuerst in kochendem Wasser blanchiert, werden sie weicher und im Ofen schneller gar. Servieren Sie als sättigendes Mittag- oder Abendessen zwei Zucchinihälften pro Person, dazu einen gemischten Salat.

4 Portionen

natives Olivenöl extra für die Form und zum Beträufeln
4 mittelgroße Zucchini (ca. 1 kg)
Meersalz
150 g Thunfisch (aus der Dose; Nettogewicht)
100 g Brot ohne Rinde, fein gehackt
2 Knoblauchzehen, fein gehackt
50 g entsteinte schwarze Oliven, fein gehackt
15 g Kapern, fein gehackt
1 Bio-Ei (Größe M)
1 Handvoll glatte Petersilie, fein gehackt
6 Minzeblätter, fein gehackt
schwarzer Pfeffer aus der Mühle
1 EL Semmelbrösel

Den Backofen auf 180 °C (Umluft) vorheizen. Eine Auflaufform mit etwas Öl einfetten.

Die Zucchini putzen und längs halbieren. In einem Topf mit kochendem Salzwasser 4 Minuten blanchieren, herausnehmen und sorgfältig abtropfen lassen. Auf Küchenpapier legen und trocken tupfen.

Das Fruchtfleisch aus der Mitte herauslösen (die Schale dabei nicht beschädigen). Überschüssige Flüssigkeit von Hand ausdrücken und das Fruchtfleisch in eine Schale legen.

Thunfisch, Brot, Knoblauch, Oliven, Kapern, Ei, Petersilie und Minze sowie etwas Salz und Pfeffer hinzufügen und vermischen. Die Zucchinihälften gleichmäßig damit füllen und dann in die vorbereitete Auflaufform legen. Gleichmäßig mit Semmelbröseln bestreuen und mit etwas Olivenöl beträufeln.

40 Minuten im Ofen backen, bis die Füllung goldbraun und die Zucchini weich sind. Herausnehmen und vor dem Servieren noch ein paar Minuten ruhen lassen.

CIPOLLE RIPIENE

Gefüllte Zwiebeln

Die Kombination aus gemischten Kräutern und Sultaninen ergänzt hier das Aroma des Schweinefleisches perfekt. Die Zwiebeln benötigen nur eine kurze Vorbereitungszeit, aber die lohnt sich, denn mit nur wenigen Zutaten erhält man eine leckere Hauptmahlzeit.

4 Portionen

2 EL natives Olivenöl extra, plus mehr zum Beträufeln
4 Gemüsezwiebeln (jeweils ca. 270 g)
200 g Schweinehackfleisch
Meersalz und schwarzer Pfeffer aus der Mühle
2 EL gehackte gemischte Kräuter (z. B. Rosmarin, Thymian und Salbei)
50 g altbackenes Brot, 10 Minuten in 75 ml warme Milch eingeweicht
40 g Sultaninen, 20 Minuten in 50 ml warmem Wasser eingeweicht
2 Bio-Eier (Größe M)
100 g geriebener Parmesan

Den Backofen auf 180 °C (Umluft) vorheizen. Eine Auflaufform mit etwas Olivenöl fetten.

Die Zwiebeln abziehen und unzerteilt 10 Minuten in einen Topf mit kochendem Wasser legen. Herausheben und auf einem Teller abkühlen lassen. Dann den Wurzelansatz jeweils knapp abschneiden, damit sie in der Form nicht umfallen. Die Zwiebeln quer halbieren und vorsichtig die inneren Schichten herauslösen, sodass die Zwiebeln, wieder zusammengesetzt, innen hohl sind. Das herausgelöste Zwiebelfleisch fein hacken.

Das Olivenöl in einer Pfanne erhitzen, gehackte Zwiebeln und das Schweinefleisch hinzufügen und bei mittlerer Temperatur einige Minuten unter Rühren anbraten, bis das Fleisch Farbe annimmt. Ewas Salz, Pfeffer und die Kräuter untermischen, die Temperatur reduzieren, einen Topfdeckel auflegen und noch etwa 3 Minuten kochen. Dann vom Herd nehmen und die Masse vollständig abkühlen lassen.

Überschüssige Flüssigkeit abgießen, danach das ausgedrückte eingeweichte Brot sowie die abgegossenen Sultaninen, die Eier und den geriebenen Parmesan untermengen. Die ausgehöhlten Zwiebeln in die vorbereitete Auflaufform setzen und mit der Masse füllen.

Mit Olivenöl beträufeln, dann mit Alufolie abdecken und 25 Minuten im Ofen backen. Die Folie abnehmen und noch weitere 15 Minuten backen, bis die Zwiebeln weich und auf der Oberseite goldbraun sind.

Herausnehmen und vor dem Servieren noch ein paar Minuten ruhen lassen.

VERZA RIPIENA

Gefüllter Wirsing

Bei diesem Rezept werden Wirsing und Hackfleisch zu einer köstlichen Mahlzeit vereint. Die Vorbereitung ist etwas zeitaufwendiger, lohnt sich aber sehr, denn mit diesem gefüllten Wirsing, der mit einer einfachen Tomatensauce serviert wird, können Sie Ihre Gäste bestimmt beeindrucken.

4–6 Portionen
1 Wirsing (ca. 1,2 kg)
Meersalz
2 EL natives Olivenöl extra
1 Zwiebel, fein gehackt
500 g Schweinehackfleisch
3 Salbeiblätter, fein gehackt
½ Handvoll glatte Petersilie, fein gehackt
200 g Salami, fein gehackt
1 Bio-Ei (Größe M)
10 g geriebener Parmesan
1 Prise frisch geriebene Muskatnuss
schwarzer Pfeffer aus der Mühle

Für die Tomatensauce
1 EL natives Olivenöl extra
½ Zwiebel, fein gehackt
400 g gehackte Tomaten (aus der Dose)
Meersalz und schwarzer Pfeffer aus der Mühle

Zuerst die Tomatensauce zubereiten. Dafür das Olivenöl in einer Pfanne erhitzen und die Zwiebel darin bei mittlerer Temperatur weich dünsten. Die Tomaten hinzufügen, die Dose zur Hälfte mit Wasser füllen und dieses ebenfalls dazugießen. Alles mit etwas Salz und Pfeffer würzen, umrühren und bei mittlerer Temperatur ca. 25 Minuten köcheln.

Die dunkelgrünen äußeren Blätter vom Wirsing entfernen, den Kohlkopf in einen großen Topf mit leicht gesalzenem kochenden Wasser legen und bei mittlerer bis hoher Temperatur 20 Minuten garen. Wenn der Topf nicht groß genug ist, den Kohl nach der Hälfte der Kochzeit umdrehen.

Anschließend vorsichtig aus dem Wasser heben und in ein sauberes Küchentuch wickeln. Dann kopfüber in ein Sieb legen und das Wasser vollständig abtropfen lassen.

Währenddessen etwas Olivenöl in einer Pfanne erhitzen, die Zwiebel bei mittlerer Temperatur einige Minuten anschwitzen, dann das Hackfleisch untermengen und ein paar Minuten unter Rühren braten, bis es braun wird. Salbei, Petersilie und Salami untermischen. Dann den Topf vom Herd nehmen und die Fleischmasse abkühlen lassen.

Anschließend das Ei, den geriebenen Parmesan, Muskat sowie etwas Salz und Pfeffer dazugeben.

Fortsetzung auf der nächsten Seite

Die Wirsingblätter nacheinander vorsichtig öffnen. Mit einem kleinen, scharfen Messer den harten Strunk herausschneiden. Jeweils etwas Fleischmasse zwischen die einzelnen Blattschichten geben. Den gefüllten Wirsing wieder in Form drücken und mit Küchengarn verschnüren, dann fest in ein sauberes Küchentuch wickeln. In einen großen Topf legen, mit heißem Wasser bedecken und zum Kochen bringen. Die Temperatur auf mittlere Stufe reduzieren, einen Topfdeckel auflegen und den Wirsing 45 Minuten garen.

Den Topf vom Herd nehmen und den Kohl vorsichtig herausheben. Aus dem Tuch wickeln, das Küchengarn aufschneiden und 5 Minuten ruhen lassen. Aufschneiden und mit heißer Tomatensauce servieren.

SFORMATO DI ZUCCHINE

Zucchini-Ricotta-Auflauf

Dieses einfache und sättigende Hauptgericht kann gut im Voraus zubereitet und dann nach Bedarf gebacken oder aufgewärmt werden. Ersetzen Sie für Vegetarier den Parmesan einfach durch einen vegetarischen Hartkäse. Für ein einfaches Abendessen den Auflauf mit einem Tomatensalat servieren.

4 Portionen
natives Olivenöl extra, für die Form und zum Beträufeln
80 g Semmelbrösel, plus mehr für die Form und 1 EL zum Bestreuen
700 g Zucchini
80 g geriebener Parmesan
250 g Ricotta, gut abgetropft
2 Bio-Eier (Größe M)
8 Basilikumblätter, grob zerrissen
Meersalz und schwarzer Pfeffer aus der Mühle

Den Backofen auf 180 °C (Umluft) vorheizen. Eine Auflaufform mit etwas Olivenöl einpinseln und mit Semmelbröseln ausstreuen. Überschüssige Semmelbrösel abklopfen.

Die Zucchini putzen und grob reiben, dann so viel Flüssigkeit wie möglich ausdrücken (nach Belieben ein sauberes Küchentuch zu Hilfe nehmen). In eine große Schüssel füllen und mit dem geriebenen Parmesan, den Semmelbröseln, dem Ricotta, den Eiern, den Basilikumblättern und etwas Salz und Pfeffer vermengen.

Die Masse in die Auflaufform streichen, mit 1 EL Semmelbrösel bestreuen und mit etwas Olivenöl beträufeln.

30 Minuten im Ofen backen, bis die Masse goldbraun und die Oberfläche knusprig ist. Herausnehmen und vor dem Servieren noch 5 Minuten ruhen lassen.

MELANZANE SPACCATE

Auberginen mit Tomaten

Dieses Rezept aus Salerno ist in den Sommermonaten, wenn es frische Auberginen und Tomaten in Hülle und Fülle gibt, sehr beliebt. Am besten nehmen Sie dafür längliche, dünne Auberginen. Sie können sie im Voraus zubereiten und als Beilage oder Hauptspeise mit einem grünen Salat und Bauernbrot servieren. Man kann sie heiß oder kalt verzehren.

2–4 Portionen

2 längliche, dünne Auberginen
Meersalz
3 EL natives Olivenöl extra
2 Knoblauchzehen, fein gehackt
400 g kleine Flaschentomaten, geviertelt
etwas getrockneter Oregano
30 g Kapern
20 entsteinte schwarze Oliven
½ Handvoll frische Basilikumblätter, plus mehr zum Garnieren

Die Auberginen längs halbieren und das Fruchtfleisch mit einem kleinen, scharfen Messer mehrmals einschneiden. Dann mit der Hautseite nach unten auf einen flachen Teller legen und mit etwas Salz bestreuen. Mit einem zweiten Teller beschweren und ca. 1 Stunde ziehen lassen. So können die Bitterstoffe entweichen.

Danach die Auberginenhälften unter fließend kaltem Wasser abspülen, von Hand überschüssiges Wasser ausdrücken und mit Küchenpapier trocken tupfen.

In einer großen Pfanne, in der alle Auberginenhälften Platz haben, 2 EL Olivenöl erhitzen. Die Auberginen mit der Hautseite nach oben hineinlegen und bei mittlerer bis hoher Temperatur etwa 5 Minuten braten. Wenden und die Hautseite ebenfalls 5 Minuten anbraten. Auf einen Teller legen und beiseitestellen.

Das restliche Olivenöl in derselben Pfanne erhitzen, den Knoblauch hineingeben und bei mittlerer Temperatur 1 Minute anschwitzen. Dann die Tomaten, etwas Salz sowie Oregano untermischen. Die Temperatur reduzieren und ca. 3 Minuten weiterbraten, bis die Tomaten weich sind. Kapern, Oliven und Basilikumblätter hinzufügen und noch ein paar Minuten weiterköcheln lassen.

Die Tomaten auf eine Seite der Pfanne schieben, die Auberginen mit der Hautseite nach unten wieder hineinlegen und die Tomaten gleichmäßig darauf verteilen. Die Temperatur reduzieren, einen Topfdeckel auflegen und etwa 10 Minuten garen, bis die Auberginen weich und gar sind.

Vom Herd nehmen, mit frischen Basilikumblättern garnieren und heiß servieren oder abkühlen lassen und kalt verzehren.

PARMIGIANA DI ZUCCA

Kürbis-Parmigiana

Parmigiana wird eigentlich mit Auberginen zubereitet. Das Gericht kommt aus Süditalien, allen voran aus Kampanien und Sizilien, wo Auberginen in großen Mengen angebaut werden. Dieser geschichtete Auflauf wurde mit der Zeit auf der ganzen Welt beliebt und auch mit anderem Gemüse wie Zucchini, Artischocken, Mangold und Kürbis zubereitet. Während es im Sommer viele Auberginen gibt, wächst in der kälteren Jahreszeit reichlich Kürbis, vor allem in ländlichen Gegenden, wo der Herbstkürbis ein wichtiges Nahrungsmittel für Familien war und daher für verschiedene Gerichte verwendet wurde. Ich ziehe die Kürbisscheiben gerne durch Ei und brate sie an (wie ich das mit jedem Gemüse mache, wenn ich *Parmigiana* koche). Aber wenn Sie eine leichtere Variante bevorzugen, können Sie die Kürbisscheiben stattdessen auch grillen oder im Ofen rösten.

4–6 Portionen
1,4 kg Kürbis (ca. 1 kg ohne Schale und Kerne)
3–4 Bio-Eier (Größe M)
Meersalz und schwarzer Pfeffer aus der Mühle
Mehl zum Arbeiten
Pflanzenöl zum Frittieren
2 Kugeln Mozzarella (je 125 g), abgetropft und grob gehackt
75 g geriebener Parmesan

Für die Tomatensauce
2 EL natives Olivenöl extra
1 kleine Zwiebel, fein gehackt
1,2 kg gehackte Tomaten (aus der Dose)
6 frische Basilikumblätter
Meersalz

Zuerst die Tomatensauce zubereiten. Dafür das Olivenöl in einem Topf erhitzen, die Zwiebel hinzufügen und bei mittlerer Temperatur ca. 5 Minuten braten. Dann Tomaten, Basilikumblätter und etwas Salz dazugeben. Etwa 25 Minuten bei niedriger Temperatur dicklich einkochen.

Den Kürbis schälen, halbieren und vierteln, die Kerne entfernen und das Kürbisfleisch in etwa 5 mm dicke Scheiben schneiden. Die Eier in einem tiefen Teller mit etwas Salz und Pfeffer verquirlen. Die Kürbisscheiben mit Mehl bestäuben, überschüssiges Mehl abschütteln, dann in das verquirlte Ei tauchen.

Ausreichend Pflanzenöl in einer tiefen Pfanne erhitzen, dann die Kürbisscheiben darin von beiden Seiten ein paar Minuten braten (je nach Größe der Pfanne eventuell portionsweise vorgehen). Mit einem Schaumlöffel herausnehmen und überschüssiges Öl auf Küchenpapier abtropfen lassen.

Fortsetzung auf der übernächsten Seite

Währenddessen den Backofen auf 180 °C (Umluft) vorheizen.

Etwas Tomatensauce in einer Auflaufform verteilen, dann ein paar Kürbisscheiben darauflegen und mit schwarzem Pfeffer würzen. Mit etwas Mozzarella und geriebenem Parmesan bestreuen und mehr Tomatensauce daraufgeben. So fortfahren und weitere Schichten einfüllen, bis alle Zutaten aufgebraucht sind. Mit Mozzarella und geriebenem Parmesan enden.

Die Form mit Alufolie abdecken und den Auflauf 15 Minuten im Ofen backen. Die Folie abnehmen und noch weitere 15 Minuten backen, bis der Käse geschmolzen und goldbraun ist.

Aus dem Ofen nehmen und vor dem Servieren noch 10 Minuten ruhen lassen.

INSALATA DI CUORE DI CICORIA

Chicorée-Salat

Zu diesem leicht bitteren Gemüse passt ein Dressing aus Olivenöl, Zitronensaft und Sardellenfilets sehr gut. Die übrig gebliebenen Chicorée-Blätter aus diesem Rezept können Sie für *Fave e cicoria* auf Seite 38 verwenden. Die dort nicht verwendeten Herzen des Spargelchicorées können Sie wiederum hier verarbeiten.

4–6 Portionen
400 g Chicorée-Herzen
4 EL natives Olivenöl extra
Saft von 1 Zitrone
4 Sardellenfilets, fein gehackt
Meersalz und schwarzer Pfeffer aus der Mühle

Die Chicorée-Herzen längs in dünne Streifen schneiden und auf einen Servierteller legen.

Olivenöl, Zitronensaft, gehackte Sardellenfilets und etwas Salz und Pfeffer in einer kleinen Schale verrühren und dann über den Chicorée träufeln. Gründlich vermischen und servieren.

POLPETTE DI MELANZANE

Kleine Auberginen-Bratlinge

Auberginen, die in Süditalien im Sommer überall wachsen und verarbeitet werden, sind eine perfekte Alternative zu Fleisch. Meist werden sie zu *Polpettine* (kleinen Bällchen) verarbeitet, aber hier habe ich zur Abwechslung Mini-Bratlinge daraus gemacht – gleicher Geschmack, andere Form! Wenn Sie möchten, können Sie sie etwas größer formen und mit Salatblättern und eingelegtem Gemüse in Brötchen servieren, so haben Sie einen köstlichen fleischlosen Burger.

Ergibt 8 kleine Bratlinge
500 g Auberginen
50 g Brot ohne Rinde, in 4 ½ EL warmem Wasser eingeweicht
1 Knoblauchzehe, fein gehackt
10 g Semmelbrösel
20 g geriebener Parmesan
1 Handvoll glatte Petersilienblätter, fein gehackt
1 Bio-Ei (Größe M)
Meersalz und schwarzer Pfeffer aus der Mühle
Pflanzenöl zum Braten

Wasser in einem großen Topf zum Kochen bringen. Die Auberginen in kleine Stücke schneiden. Wenn das Wasser kocht, die Auberginen hineingeben und ein paar Minuten blanchieren. Gut abtropfen und auf einem sauberen Küchentuch abkühlen lassen. Anschließend überschüssiges Wasser ausdrücken (das geht ganz leicht, indem man die Auberginenstücke in einer Kartoffelpresse zerquetscht).

Das eingeweichte Brot ausdrücken und grob hacken. Auberginen, Brot, Knoblauch, Semmelbrösel, geriebenen Parmesan, Petersilie und Ei in einer Schale vermischen, dann mit etwas Salz und Pfeffer würzen. Aus der Masse 8 kleine Bratlinge, jeweils maximal 1 cm dick, formen.

Ausreichend Pflanzenöl in einer tiefen Pfanne bei mittlerer bis hoher Temperatur erhitzen und die Bratlinge darin von beiden Seiten 2–3 Minuten goldbraun sautieren (je nach Größe der Pfanne portionsweise vorgehen). Herausnehmen und auf Küchenpapier abtropfen lassen. Dann sofort servieren.

FRITTELLE DI CAVOLFIORE

Blumenkohl-Bratlinge

Diese köstlichen Küchlein machen richtig süchtig und sind eine tolle Möglichkeit, übrig gebliebenen Blumenkohl aufzubrauchen. Man kann sie prima als Snack oder mit einem gemischten Salat und etwas Brot als leichtes Mittag- oder Abendessen servieren.

Ergibt 8–10 Stück
350 g Blumenkohlröschen
Meersalz
2 Bio-Eier, verquirlt
50 g geriebener Parmesan
35 g Mehl, mit ¼ TL Backpulver und 1 Prise Salz vermischt
1 Knoblauchzehe, fein gehackt
½ Handvoll glatte Petersilie, fein gehackt
schwarzer Pfeffer aus der Mühle
Pflanzenöl zum Braten

Die Blumenkohlröschen in kochendem Salzwasser etwa 6 Minuten garen, dann abseihen und die Röschen auf einem sauberen Küchentuch trocknen. Anschließend in einer Schüssel mit einer Gabel zerdrücken. Abkühlen lassen.

Die Eier, den geriebenen Parmesan, die Mehlmischung, den Knoblauch und die Petersilie dazugeben, mit etwas Pfeffer würzen und alles gründlich vermengen.

In einer tiefen Pfanne ausreichend Pflanzenöl erhitzen, dann mit einem großen Löffel Kleckse der Blumenkohlmasse hineingeben und mit dem Löffelrücken flach drücken. Etwa 3 Minuten von beiden Seiten goldgelb backen (je nach Größe der Pfanne portionsweise vorgehen).

Herausnehmen und auf Küchenpapier abtropfen lassen. Heiß servieren.

LA CIPOLLATA CON LE UOVA

Zwiebelgemüse mit Eiern

Dieses Gericht aus der *Cucina povera* stammt aus den Abruzzen. In ländlichen Gegenden wird es oft während der Zwiebelernte, manchmal noch mit Tomaten zubereitet und zum Auftunken der Bratensäfte mit Bauernbrot serviert. Die Zwiebeln werden langsam geschmort und dadurch schön weich mit süßlichem Aroma. Ich habe das Gericht noch mit Eiern angereichert, so erhält man aus preiswerten Zutaten jederzeit eine vollständige, schmackhafte Mahlzeit. Berechnen Sie ein bis zwei Eier pro Person, je nachdem wie groß der Hunger ist.

2–4 Portionen
5 EL natives Olivenöl extra
1 kg Zwiebeln, in feine Ringe geschnitten
Meersalz und schwarzer Pfeffer aus der Mühle
200 g kleine Flaschentomaten, halbiert
4 Bio-Eier (Größe M)
Bauernbrot zum Servieren

Das Olivenöl in einer Pfanne erhitzen, die Zwiebeln hinzufügen und bei mittlerer bis hoher Temperatur etwa 1 Minute anbraten. Mit Salz und Pfeffer würzen, 3 ½ EL Wasser dazugeben und die Temperatur auf niedrige Stufe reduzieren. Einen Topfdeckel auflegen und die Zwiebeln 35 Minuten sanft schmoren.

Die Tomaten am äußeren Pfannenrand entlang auf die Zwiebeln legen und bei niedriger Temperatur noch 15 Minuten abgedeckt weiterschmoren.

Den Deckel abnehmen und mit einem Holzlöffel vorsichtig die Zwiebelmasse in Viertel einteilen. Auf jedes Viertel ein Ei schlagen, den Deckel wieder auflegen und etwa 3–5 Minuten sanft weiterschmoren, bis die Eier gestockt sind.

Vom Herd nehmen und sofort mit gutem Bauernbrot servieren.

INSALATA DI RINFORZO

Blumenkohlsalat

Dieser bunte Salat ist in den meisten neapolitanischen Haushalten ein Muss auf der Weihnachtstafel. Er wird traditionell im Laufe der Festtage verzehrt, wobei man bis Neujahr immer wieder frisches und eingelegtes Gemüse in die Schüssel gibt. Diese Tradition geht auf die Zeiten zurück, als man nichts verschwendete und jegliche Gemüsereste in einem Glas mit selbst gemachtem Essig konservierte. Heutzutage nimmt man dafür außer dem gekochten Blumenkohl fertig eingelegtes Gemüse.

In Italien ist *Giardiniera*, ein Glas mit buntem eingelegten Gemüse, sehr beliebt und in jedem guten italienischen Feinkostladen erhältlich. In Neapel gehören unbedingt süße Paprikaschoten in diesen Salat. Aber Sie können das Gemüse ganz nach eigenem Geschmack auswählen und dafür zum Beispiel Paprika, Auberginen, Karotten, Staudensellerie, Gewürzgurken und/oder Zwiebeln nehmen. Wenn Sie selbst Gemüse einlegen, umso besser, aber gekaufte sind genauso gut und lassen sich gut im Vorratsschrank aufbewahren.

Dies hier ist meine Version des Salats, aber Sie können hineingeben, was Sie möchten, und, wie man es in Italien macht, ihn immer wieder auffüllen. Nehmen Sie ganz nach Belieben mehr oder weniger Essig dafür. Am besten bereitet man ihn im Voraus zu und lässt ihn über Nacht im Kühlschrank ruhen, damit sich die Aromen entfalten.

2–4 Portionen

½ kleine rote Zwiebel, in dünne Ringe geschnitten
ca. 3 EL Rotweinessig
500 g Blumenkohlröschen
Meersalz
ca. 200 g sauer eingelegtes Gemüse (darunter auch Paprikaschoten), abgetropft
10 entsteinte Oliven (schwarze oder grüne)
4 sonnengetrocknete Tomaten, grob gehackt
6 Cornichons, abgetropft und grob gehackt
4 Sardellenfilets (nach Belieben)
¼ rote Chilischote, fein gehackt (nach Belieben)
2 EL natives Olivenöl extra

Die Zwiebelringe in eine kleine Schale geben, mit Rotweinessig bedecken und ziehen lassen.

Die Blumenkohlröschen in einem Topf mit kochendem Salzwasser etwa 6 Minuten kochen, aber nicht zu lange, damit sie nicht zerfallen. Gut abtropfen und abkühlen lassen.

Die Blumenkohlröschen mit der abgetropften roten Zwiebel (den Essig aufbewahren), dem eingelegten Gemüse, den Oliven, den Tomaten und Cornichons sowie den Sardellenfilets und Chilis (falls verwendet) in eine Servierschüssel geben und alles miteinander vermischen. Mit dem Rotweinessig von den Zwiebeln (oder nur einem Teil davon) und Olivenöl beträufeln. Kurz vermengen. Falls nötig, noch etwas Salz dazugeben.

Bis zum Servieren bei Zimmertemperatur mindestens ein paar Stunden ruhen lassen oder abdecken und über Nacht in den Kühlschrank stellen. Zimmerwarm servieren.

FLEISCH UND FISCH

SGOMBRO ALLA PIZZAIOLA

Makrele in Pizzaiola-Sauce

Man spricht von Fleisch- oder Fischgerichten *alla pizzaiola*, wenn sie mit Tomaten, Kapern und Oregano zubereitet werden. Diese Sauce mit intensivem Aroma passt gut zu frischer Makrele und ergibt mit Bauernbrot zusammen eine Mahlzeit, die rundum zufrieden macht. Wenn Sie mehr von der Sauce kochen, können Sie sie mit Nudeln als Vorspeise servieren und den Fisch dann als Hauptspeise.

4 Portionen
2 EL natives Olivenöl extra
2 Knoblauchzehen, fein gehackt
¼ rote Chilischote, fein gehackt (nach Belieben)
400 g kleine Flaschentomaten, halbiert
20 g Kapern
10 entsteinte schwarze Oliven
etwas getrockneter Oregano
1 Handvoll glatte Petersilie, fein gehackt
Meersalz
4 Makrelenfilets (insgesamt ca. 500 g), mit oder ohne Haut

Das Olivenöl in einer großen Pfanne erhitzen, Knoblauch und nach Belieben Chili hinzufügen und bei mittlerer Temperatur 1 Minute anschwitzen. Tomaten, Kapern, Oliven, den Oregano, die Hälfte der Petersilie und etwas Salz dazugeben und bei mittlerer bis hoher Temperatur ein paar Minuten anbraten. Die Temperatur reduzieren, einen Topfdeckel auflegen und das Ganze 5 Minuten erhitzen.

Die Makrelenfilets auf die Sauce legen, mit etwas warmem Wasser beträufeln und zugedeckt 5 Minuten garen. Den Deckel abnehmen, die Temperatur erhöhen und noch etwa 2 Minuten weiterköcheln, sodass ein Großteil der Flüssigkeit verdampft.

Vom Herd nehmen, mit der restlichen Petersilie bestreuen und sofort servieren.

SARDINE MARINATE E FRITTE

Marinierte frittierte Sardinen

Sardinen waren immer preiswert und sind es zum Glück heute noch. In den Küstenregionen Italiens isst man sie gerne einfach gegrillt, auf Sizilien verwendet man sie für Nudelgerichte oder füllt sie, um sie zu verfeinern. In diesem Rezept werden sie mariniert – so werden sie aromatischer, bevor sie in Semmelbröseln paniert und dann frittiert werden. Lassen Sie vom Fischhändler die Köpfe und Innereien entfernen und die Fische aufschneiden. Mit Gremolata, Salat und Bauernbrot schmecken sie köstlich.

2 Portionen

6 Sardinen ohne Kopf, ausgenommen und aufgeschnitten
Mehl zum Panieren
1 Bio-Ei, leicht verquirlt
Semmelbrösel zum Panieren
Pflanzenöl zum Frittieren
Zitronenspalten zum Servieren

Für die Marinade

Saft von ½ Zitrone
1 EL natives Olivenöl extra
1 Sardellenfilet, fein gehackt
½ Handvoll glatte Petersilie, fein gehackt

Für die Gremolata

1 Knoblauchzehe, gehackt
½ Handvoll glatte Petersilie, fein gehackt
Abrieb von 1 unbehandelten Bio-Zitrone

Zunächst die Zutaten für die Marinade verrühren.

Die Sardinen in eine Schale (nicht aus Metall) legen, die Marinade darübergießen und die Fische mindestens 30 Minuten, besser noch über Nacht, im Kühlschrank marinieren.

Die Zutaten für die Gremolata in einer Schüssel vermengen und zur Seite stellen.

Die Sardinen aus der Marinade heben und mit Küchenpapier trocken tupfen. Die Fische nacheinander im Mehl wälzen, überschüssiges Mehl abschütteln, dann in das verquirlte Ei tauchen und in den Semmelbröseln wenden.

Ausreichend Pflanzenöl in einer tiefen Pfanne erhitzen, dann die Sardinen von beiden Seiten etwa 1 Minute goldgelb frittieren. Herausnehmen und auf Küchenpapier abtropfen lassen. Sofort mit Gremolata garnieren und mit Zitronenspalten servieren.

ACCIUGHE IN SALSA VERDE

Sardellen in Salsa verde

Dieses traditionelle Rezept aus dem Piemont stammt eigentlich aus der *Cucina povera*, als man frische Sardellen mit grüner Sauce aus Kräutern, Brot und Essig mischte, damit sie länger hielten. Heutzutage werden sie so als Antipasti serviert, zum Beispiel auf kleinen *Crostini* (geröstetem Brot) und/oder als Beilage zu Wurst und Schinken. Nehmen Sie dafür die besten Sardellen aus der Dose, die Sie bekommen können. Sie können auch mehr davon zubereiten und sie in einem gut verschlossenen Glas aufbewahren.

4–6 Portionen
100 g Sardellen in Öl

Für die Salsa verde
5 EL natives Olivenöl extra
20 g altbackenes Brot, in Rot- oder Weißweinessig eingeweicht, dann grob gehackt
1 Knoblauchzehe, sehr fein gehackt
¼ rote Chilischote, sehr fein gehackt
1 Handvoll glatte Petersilie, sehr fein gehackt

Für die Salsa verde alle Zutaten in einer Schale verrühren.

Die Sardellen abtropfen lassen (das Öl entsorgen) und auf einem Servierteller anrichten. Die Salsa verde darauf verteilen und bis zum Servieren bei Raumtemperatur mindestens 30 Minuten ruhen lassen.

Wenn Sie möchten, können Sie Sardellen und Salsa verde auch in ein sterilisiertes Einmachglas schichten, dieses gut verschließen und an einem kühlen, dunklen Ort bis zur Verwendung aufbewahren. Im Kühlschrank halten sie sich bis zu 1 Woche.

INVOLTINI ALLA GENOVESE

In Zwiebeln geschmorte Schweineröllchen

Ein typisch neapolitanisches Gericht mit lange geschmortem Fleisch und vielen Zwiebeln. Es gibt einige Theorien, warum dieses Gericht aus Neapel *genovese* genannt wird; eine davon besagt, dass es von Seeleuten aus Genua zubereitet wurde, als sie in Neapel landeten. Einer anderen zufolge wurde es von einem Koch aus Neapel namens o'Genovese gekocht. Wie auch immer, es hat nichts mit der ligurischen Stadt Genua zu tun und ist zu einhundert Prozent neapolitanisch.

Möglicherweise hat die große Menge an Zwiebeln den Geschmack von billigeren Fleischstücken überdeckt. Das Gericht wurde außerdem zu Nudeln gereicht, um es zu verfeinern. Heutzutage kocht man es mit Kalb-, Schweine- oder Rindfleisch, wobei die Zwiebeln während des Schmorens viel Flüssigkeit abgeben und zu einer zähflüssigen Köstlichkeit dahinschmelzen. Meine Version der *Involtini* ist mit Schweinefiletscheiben, die gefüllt, aufgerollt und dann in Zwiebeln geschmort werden. Sie können sie mit gutem Bauernbrot als Hauptspeise servieren oder die Zwiebelsauce mit Nudeln mischen, zum Beispiel mit Penne, und die *Involtini* danach reichen.

4 Portionen

8 Scheiben Schweinefilet, insgesamt ca. 750 g
½ Handvoll glatte Petersilie, fein gehackt
2 Knoblauchzehen, fein gehackt
15 g geriebener Parmesan
Meersalz und schwarzer Pfeffer aus der Mühle
3 EL natives Olivenöl extra
1 kg Zwiebeln, fein gehackt
½ Stange Staudensellerie, fein gehackt
1 kleine Karotte, fein gehackt
1 Lorbeerblatt
1 Zweig Rosmarin
100 ml Weißwein
Bauernbrot zum Servieren

Die Schweinefiletscheiben zwischen zwei Lagen Frischhaltefolie legen und dünner klopfen, dann auf einem Schneidebrett zur Seite legen.

Petersilie, Knoblauch und geriebenen Parmesan mit etwas Salz und Pfeffer mischen, dann einen Löffel davon auf jeder Fleischscheibe verteilen. Die Filets mit der Füllung vorsichtig aufrollen und mit einem Zahnstocher verschließen. Das sind Ihre *Involtini.*

In einer großen Pfanne 1 EL Olivenöl bei mittlerer bis hoher Temperatur erhitzen, die *Involtini* hineingeben und etwa 10 Minuten von allen Seiten scharf anbraten, bis sie goldbraun sind. Auf einen Teller legen und beiseitestellen.

In derselben Pfanne das restliche Olivenöl erhitzen, die Zwiebeln, den Staudensellerie, die Karotte, das Lorbeerblatt, den Rosmarin und etwas Salz und Pfeffer hineingeben und bei mittlerer bis hoher Temperatur 5 Minuten braten.

Den Weißwein angießen, dann die *Involtini* wieder in die Pfanne legen, die Temperatur reduzieren, einen Deckel auflegen und 2 ½ Stunden sanft schmoren. Wenn zum Ende der Kochzeit noch viel Flüssigkeit in der Pfanne ist, den Deckel abnehmen und diese bei hoher bis mittlerer Temperatur ein paar Minuten einkochen, bis sie verdampft ist.

Vom Herd nehmen, das Lorbeerblatt und den Rosmarinzweig entfernen und die *Involtini* mit der Zwiebelsauce und reichlich gutem Bauernbrot servieren.

FRICCÒ DI POLLO ALL'ARRABBIATA

Hähnchen in scharfer Tomatensauce

Für dieses rustikale Hähnchengericht aus Umbrien kann man prima Tomaten verwerten, die schon etwas zu reif für einen Salat sind. Die Kombination aus Knoblauch, Chili und dem ätherischen Öl, das aus dem fein gehackten Rosmarin austritt, ist perfekt. Es ist einfach, mit nur wenigen Zutaten zubereitet, und ich bin sicher, dass es Ihr Lieblings-Hähnchenrezept werden wird. Servieren Sie es mit einem guten Bauernbrot, um die köstliche Sauce damit aufzunehmen.

4 Portionen
4 EL natives Olivenöl extra
1 kg Hähnchenstücke mit Knochen (Oberkeulen oder Schenkel, mit oder ohne Haut)
3 Knoblauchzehen, leicht zerstoßen, aber noch ganz
1 rote Chilischote, fein gehackt
2 EL fein gehackte Rosmarinnadeln
Meersalz und schwarzer Pfeffer aus der Mühle
150 ml Weißwein
500 g reife Kirschtomaten oder kleine Flaschentomaten, halbiert (oder andere reife Tomaten)
Bauernbrot zum Servieren

3 EL Öl in einer großen Pfanne bei hoher Temperatur erhitzen, die Hähnchenstücke hineinlegen, dann die Temperatur auf mittlere Stufe reduzieren und das Fleisch von allen Seiten etwa 15 Minuten anbraten. Abdecken und noch ein paar Minuten weiterbraten. Das Fleisch auf einen Teller legen und beiseitestellen. Die Pfanne auswischen.

Dann wieder erhitzen, 1 EL Olivenöl hineingeben und Knoblauch, Chili und Rosmarin etwa 1 Minute darin sautieren. Die Hähnchenteile wieder hineinlegen und mit Salz und Pfeffer würzen. Die Temperatur erhöhen, den Wein angießen und verdampfen lassen. Die Temperatur wieder reduzieren, die Tomaten untermischen und alles zugedeckt etwa 30 Minuten sanft schmoren, bis das Hähnchen gar ist.

Sofort mit reichlich Bauernbrot servieren.

MONDEGHILI

Rindfleischbällchen

Diese köstlichen Fleischbällchen werden aus gekochten oder gebratenen Fleischresten und Brot gemacht. Das Rezept aus Mailand stammt aus einer Zeit, als man wirklich nichts wegwarf. Der Name *Mondeghili* bedeutet im regionalen Dialekt einfach Fleischbällchen. Heutzutage gibt man für mehr Geschmack noch Mortadella, Salami oder andere Wurst dazu. Sie können sie natürlich auch sehr gut aus beliebigen Resten von gekochtem oder gebratenem Fleisch zubereiten, die zum Beispiel vom Sonntagsessen übrig sind.

Achten Sie darauf, dass beim Braten die Butter nicht zu dunkel wird. Braten Sie die Fleischbällchen bei niedriger Temperatur und geben Sie gegebenenfalls noch etwas mehr Olivenöl dazu. Sie schmecken köstlich mit Kartoffelpüree und Gemüse oder einfach mit einem grünen Salat als Beilage.

4 Portionen (ergibt etwa 16 Fleischbällchen)

300 g gekochtes Rindfleisch (siehe auch Bollito di Manzo, Seite 154)
130 g altbackenes Brot, in Milch eingeweicht
75 g Mortadella oder Mailänder Salami, fein gehackt
25 g geriebener Parmesan
Abrieb von ½ unbehandelten Bio-Zitrone
1 Knoblauchzehe, fein gehackt
1 Prise frisch geriebene Muskatnuss
2 Bio-Eier (Größe M)
Meersalz und schwarzer Pfeffer aus der Mühle
Semmelbrösel zum Panieren
70 g Butter
1 EL natives Olivenöl extra

Das gekochte Rindfleisch mit einem scharfen Messer sehr fein hacken. Das eingeweichte Brot von Hand gut ausdrücken. Das Rindfleisch mit Brot, Mortadella, geriebenem Parmesan, Zitronenabrieb, Knoblauch, Muskat, Eiern und etwas Salz und Pfeffer vermengen.

Aus der Masse etwa 16 gleich große Fleischbällchen formen, von Hand ein wenig zusammendrücken und rundum in den Semmelbröseln wälzen. Auf einen Teller legen und etwa 30 Minuten im Kühlschrank ruhen lassen.

Die Butter und das Olivenöl in einer großen Pfanne bei mittlerer bis niedriger Temperatur erhitzen, dann die Fleischbällchen hineingeben und etwa 2–3 Minuten von allen Seiten braten, bis sie gar und rundum leicht gebräunt sind. Je nach Größe der Pfanne portionsweise arbeiten.

Die Bällchen herausnehmen und vor dem Servieren noch ein paar Minuten auf Küchenpapier abtropfen lassen.

TRIPPA CON FAGIOLI

Kutteln mit Bohnen

Obwohl sie oft verpönt werden, liebe ich Kutteln! Als Kind habe ich sie oft gegessen und ich koche sie auch heute noch. Ein wahrer Genuss! Sie waren immer preiswert, weil die Reichen diesen Teil vom Tier wegwarfen. Die Armen bereiteten sie dann auf raffinierte Weise zu. Mit der Zeit wurden Kutteln zu einem festen Bestandteil der italienischen Küche, und eine Reise nach Florenz wäre nicht komplett, ohne einen Teller *Trippa alla fiorentina* probiert zu haben oder die Streetfood-Version davon in einem Brötchen, *Lampredotto*.

Kutteln sind aber nicht nur in der Toskana beliebt. In ganz Italien bereitet man sie auf unterschiedliche Arten zu, und auch wenn vielleicht nicht jeder sie mag, so sind sie doch eine hervorragende und preiswerte Proteinquelle. Dies hier ist meine Version, mit Pancetta, Tomaten und Cannellini-Bohnen, damit sie noch nahrhafter und geschmacksintensiver werden. Servieren Sie diese herzhafte Mahlzeit mit geröstetem Brot.

4 Portionen

650 g Rinderkutteln, in 5 cm breite Streifen geschnitten
4 TL Weißweinessig
4 EL natives Olivenöl extra
100 g Pancetta, fein gewürfelt
1 Zwiebel, fein gehackt
1 Stange Staudensellerie, fein gehackt
1 Karotte, fein gehackt
1 Knoblauchzehe, fein gehackt
1 rote Chilischote, fein gehackt
3 Lorbeerblätter
100 ml Weißwein
800 g gehackte Tomaten (aus der Dose)
1 Handvoll Basilikumblätter, grob zerrissen
Meersalz
400 g Cannellini-Bohnen (aus der Dose), mit Einlegeflüssigkeit
geriebener Parmesan zum Servieren
geröstete Bauernbrotscheiben, mit Olivenöl beträufelt, zum Servieren

Die Kutteln in einen Topf mit Wasser und Essig geben, zum Kochen bringen und 5 Minuten garen.

Währenddessen das Olivenöl in einer großen, tiefen Pfanne erhitzen, Pancetta, Zwiebel, Staudensellerie, Karotte, Knoblauch, Chili und Lorbeerblätter hinzufügen und bei mittlerer Temperatur 2–3 Minuten anbraten.

Die Kutteln abtropfen lassen und unter die Zwiebel-Mischung rühren. Dann die Temperatur erhöhen, den Wein angießen und verdampfen lassen. Tomaten, Basilikumblätter und etwas Salz dazugeben und bei mittlerer bis niedriger Temperatur 30 Minuten köcheln. Die Cannellini-Bohnen einschließlich der Flüssigkeit hinzufügen und noch 5 Minuten weiterköcheln.

Die Pfanne vom Herd nehmen, die Lorbeerblätter entfernen, die Kutteln mit etwas geriebenem Parmesan bestreuen und sofort mit geröstetem und mit Olivenöl beträufeltem Brot servieren.

SPEZZATINO DI COLLO D'AGNELLO

Lammeintopf

Lammnacken ist ein preiswertes Stück Fleisch und ideal für Schmorgerichte wie dieses hier. Bitten Sie Ihren Fleischer, den Nacken in Scheiben zu schneiden, weil er so schneller gart. Lamm war in bäuerlichen Regionen Mittel- und Süditaliens immer beliebt und ergibt zusammen mit Kartoffeln ein wunderbares Essen. Sie sorgen dafür, dass die Flüssigkeit schön eindickt, sodass keine weiteren Mittel dafür nötig sind. Servieren Sie es mit gutem Bauernbrot, um die Sauce damit aufzunehmen.

4 Portionen
4 Scheiben Lammnacken (insgesamt ca. 800 g)
Mehl zum Arbeiten
4 EL natives Olivenöl extra
2 Sardellenfilets
2 Zwiebeln, geviertelt
2 große Karotten, in grobe Stücke geschnitten
8 Zweige Thymian
900 ml Hühnerbrühe
500 g Kartoffeln, geschält und in Stücke geschnitten
Bauernbrot zum Servieren

Die Lammscheiben mit Mehl bestäuben, überschüssiges Mehl abklopfen. Das Olivenöl in einer großen Pfanne erhitzen, die Sardellenfilets und das Lammfleisch hineingeben und bei mittlerer Temperatur etwa 10 Minuten braten, bis sich die Sardellenfilets auflösen. Das Lamm auf einen Teller legen und beiseitestellen.

Die Zwiebeln in der derselben Pfanne bei mittlerer Temperatur einige Minuten anschwitzen. Die Karotten und den Thymian hinzufügen und noch etwa 1 Minute weiterdünsten. Das Lammfleisch auf dem Gemüse platzieren. Die Brühe angießen, zum Kochen bringen, dann die Temperatur reduzieren und bei halb geschlossenem Deckel 80 Minuten schmoren.

Danach die Kartoffeln hinzufügen und noch 25 Minuten offen köcheln, bis sie gar sind und die Flüssigkeit etwas eingedickt ist.

Vom Herd nehmen und sofort mit reichlich gutem Bauernbrot servieren.

POLPETTONE CON UOVA, PROSCIUTTO E PROVOLONE CON PATATE ARROSTO

Hackbraten mit Eiern, Schinken, Provolone und kleinen Röstkartoffeln

Polpettone ist eine gute Möglichkeit, Schinken- oder Käsereste aufzubrauchen. Die Eier und das Hackfleisch reichern dieses Gericht weiter an. Servieren Sie den Hackbraten mit kleinen Röstkartoffeln, so erhalten Sie eine schmackhafte und nahrhafte Mahlzeit.

4 Portionen

70 g altbackenes Brot ohne Rinde, in kleine Stücke geschnitten
100 ml Milch
Meersalz
4 Bio-Eier (Größe M)
200 g Rinderhackfleisch
200 g Schweinehackfleisch
30 g geriebener Parmesan
½ Handvoll glatte Petersilie, fein gehackt
1 Knoblauchzehe, gehackt
schwarzer Pfeffer aus der Mühle
60 g gekochter Schinken
30 g Provolone, in dünne Scheiben geschnitten
½ EL Mehl
Semmelbrösel zum Panieren
500 g Babykartoffeln
2 Knoblauchzehen, leicht zerstoßen, aber noch ganz
jeweils ein paar Thymian- und Rosmarinzweige
natives Olivenöl extra zum Beträufeln

Das Brot etwa 20 Minuten in der Milch einweichen, bis es weich ist. Dann die Flüssigkeit ausdrücken, falls nötig.

Währenddessen Salzwasser zum Kochen bringen und 3 Eier darin in etwa 8–10 Minuten hart kochen. Den Topf vom Herd nehmen, die Eier abseihen und zum Abkühlen in kaltes Wasser legen. Nach dem Erkalten pellen.

Rinder- und Schweinehackfleisch, das eingeweichte Brot, das restliche Ei, den Parmesan, die Petersilie, den gehackten Knoblauch und etwas Salz und Pfeffer in einer Schüssel vermengen.

Einen großen Bogen Frischhaltefolie auf die Arbeitsfläche legen, die Fleischmasse darauflegen und zu einem etwa 28 cm x 20 cm großen Rechteck verstreichen. Schinken- und Käsescheiben sowie zuletzt die ganzen hart gekochten Eier längs darauflegen. Mithilfe der Frischhaltefolie die Fleischmasse vorsichtig aufrollen und festdrücken, damit keine Luftlöcher entstehen. Im Kühlschrank 30 Minuten ruhen lassen.

Den Backofen auf 200 °C (Umluft) vorheizen. Eine große Kastenform mit Backpapier auslegen. Das Mehl in 65 ml Wasser anrühren und beiseitestellen.

Die Hackfleischrolle vorsichtig aus der Folie lösen. Rundum mit dem angerührten Mehl bestreichen und mit Semmelbröseln bedecken. Vorsichtig in die Form legen und gegebenenfalls in Form ziehen oder drücken, sodass die Rolle gut hineinpasst. 55 Minuten im Ofen backen, bis der Hackbraten gar und leicht gebräunt ist.

Währenddessen die Kartoffeln mit Knoblauch, den Kräuterzweigen, etwas Salz und Pfeffer sowie ein wenig Olivenöl in einer Auflaufform mischen. Etwa 15 Minuten nach dem Hackbraten in den Ofen schieben und backen, bis die Kartoffeln goldbraun und knusprig sind.

Beides herausnehmen, den Hackbraten vorsichtig aus der Form holen und auf eine Servierplatte legen. Aufschneiden und mit den Röstkartoffeln servieren.

BOLLITO DI MANZO E PASTINA IN BRODO

Gekochtes Rindfleisch mit Nudeln in Brühe

Bollito kann man aus mehreren Fleischsorten wie Rind-, Hähnchen- oder Kalbfleisch zubereiten. Die Brühe serviert man mit *Pastina* (kleinen Nudeln) als Vorspeise oder gibt kleine Ravioli mit Fleischfüllung hinein – dann isst man das Fleisch als Hauptspeise. Natürlich war *Bollito* nicht immer so aufwendig, man konnte dafür auch günstigere Fleischstücke für eine gleichwohl gute Mahlzeit verwenden. Ich habe dafür preiswertes Suppenfleisch genommen, und weil es mit Knochen gekocht wird, entsteht dabei eine hervorragende Brühe. Aus Resten kann man später *Mondeghili*-Fleischbällchen zubereiten, siehe dazu Seite 148.

4 Portionen

1,1 kg Suppenfleisch mit Knochen
2 Zwiebeln, halbiert
2 Stangen Staudensellerie, halbiert
2 große Karotten, halbiert
1 Bund glatte Petersilie
2 x 28 g Rinder- oder Gemüsefond (Bouillontöpfchen, z. B. von Knorr)
200 g kleine Nudeln (z. B. Stelline, Farfalline, Risoni, Buchstabennudeln oder zerkleinerte Spaghetti)
schwarzer Pfeffer aus der Mühle
geriebener Parmesan zum Servieren

Das Fleisch in einen großen Topf legen, mit Wasser bedecken, sodass es etwa 2,5 cm über dem Fleisch steht, zum Kochen bringen und 10 Minuten sieden lassen. Das Fleisch auf einen Teller legen und das Wasser wegschütten.

Das Fleisch wieder im Topf platzieren, Gemüse und Petersilie hinzufügen und wie zuvor mit Wasser bedecken. Den Fond dazugeben und alles zum Kochen bringen. Die Temperatur reduzieren, einen Deckel auflegen und etwa 2 Stunden sanft köcheln, bis das Fleisch weich ist.

Fleisch und Gemüse mit einem Schaumlöffel auf einen Teller legen und warm halten. Die Brühe abseihen und wieder in den Topf gießen, dann erneut aufkochen. Die *Pastina* hinzufügen, die Temperatur reduzieren und die Nudeln *al dente* garen (je nach Nudelsorte etwa 7 Minuten).

Die *Pastina*-Brühe mit etwas schwarzem Pfeffer und geriebenem Parmesan bestreuen und als Vorspeise servieren, danach das aufgeschnittene Fleisch und Gemüse als Hauptspeise. Die oben angegebenen Mengen ergeben etwa 1,2–1,3 l Brühe.

BRODO DI POLLO

Hühnerbrühe

In Italien nimmt man für diese gute Brühe ein älteres Huhn, eine *Gallina*. Fragen Sie Ihren Fleischer nach einem älteren Suppenhuhn, ansonsten ist auch ein normales Brathähnchen geeignet. Ich gebe gerne für einen intensiveren Geschmack noch etwas Instant-Fond dazu. Es gibt nichts Schöneres als einen Teller heiße, dampfende Hühnerbrühe, vielleicht mit ein paar *Pastina* (kleinen Nudeln) darin, und danach gekochtes Hähnchenfleisch und Gemüse. Verwenden Sie die Brühe für die *Passatelli in brodo* (siehe Seite 45). Das Hähnchenfleisch ist auch kalt in einem Salat mit Olivenöl und Balsamico sehr köstlich. Und wenn noch Brühe übrig ist, frieren Sie sie einfach für eine andere Gelegenheit ein.

4 Portionen
1,2 kg Hähnchen
1 große Zwiebel, geviertelt
2 Stangen Staudensellerie mit Blättern, halbiert
2 große Karotten
1 Bund glatte Petersilie
2 x 28 g Gemüsefond (Bouillontöpfchen, z. B. von Knorr)
Meersalz (nach Belieben)

Alle Zutaten bis auf das Salz in einen großen Topf geben und das Hähnchen mit Wasser bedecken. Zum Kochen bringen, dann die Temperatur reduzieren, einen Deckel auflegen und das Huhn etwa 1 ½ Stunden sanft köcheln, bis das Fleisch gar ist.

Fleisch und Gemüse in eine Schüssel legen und beiseitestellen. Die Flüssigkeit durch ein feines Sieb abseihen und dann mit etwas Salz würzen, falls nötig.

Für eine Suppe die Brühe wieder in den Topf gießen, kleine Nudeln hineingeben und sanft köcheln, bis sie gar sind. Alternativ die Brühe für die *Passatelli in brodo* (siehe Seite 45) nehmen. Oder das Hähnchenfleisch zerkleinern, das gekochte Gemüse hacken, beides wieder in die Brühe geben und vor dem Servieren noch einmal erhitzen.

POLLO IN SCAPECE

Hähnchen mit Essig und Minze

In scapece, ein neapolitanischer Ausdruck, meint, dass Zutaten in Essig und Minze mariniert werden, wie etwa das beliebte *Zucchine alla scapece*. Dieses Hähnchen wird zwar nicht in Essig mariniert, schmeckt aber trotzdem dezent danach. Für ein noch intensiveres Aroma, bereiten Sie dieses Gericht am Vortag zu, stellen Sie es in den Kühlschrank und servieren Sie es dann zimmerwarm.

4 Portionen
4 EL natives Olivenöl extra
1 kg gemischte Hähnchenstücke, z. B. Oberkeulen und Schenkel (mit Knochen, mit oder ohne Haut)
125 ml Weißwein
1 Zwiebel, in dünne Ringe geschnitten
3 Karotten, klein geschnitten
4 Knoblauchzehen, leicht zerstoßen, aber noch ganz
½ rote Chilischote, fein gehackt
Meersalz und schwarzer Pfeffer aus der Mühle
125 ml Weißweinessig
200 g kleine Flaschentomaten, halbiert
1 Handvoll frische Minzeblätter
2 Lorbeerblätter

In einer großen Pfanne das Olivenöl bei mittlerer bis hoher Temperatur erhitzen, die Hähnchenstücke hineinlegen und etwa 15 Minuten von allen Seiten anbraten. Dann auf einen Teller legen.

Den Wein in die Pfanne gießen und die Röstaromen ablöschen, dabei umrühren, damit sie sich vom Pfannenboden lösen. Zwiebel, Karotten, Knoblauch, Chili und etwas Salz und Pfeffer hinzufügen und 10 Minuten sanft köcheln lassen.

Die Hähnchenteile wieder in die Pfanne legen. Essig, Tomaten, Minze und Lorbeerblätter dazugeben und mit etwa 400 ml heißem Wasser bedecken. Halb zugedeckt etwa 30 Minuten sanft schmoren, bis das Hähnchen gar ist.

Die Pfanne vom Herd nehmen und das Fleisch vor dem Servieren noch 20 Minuten darin ruhen lassen. Nach Belieben kann das Gericht auch kalt verzehrt werden. Vor dem Servieren die Lorbeerblätter entfernen.

MERLUZZO E PATATE AL FORNO

Fisch und Kartoffeln aus dem Ofen

Fisch und Kartoffeln passen gut zusammen, in Italien machen wir oft *Baccalà e patate* (Klippfisch und Kartoffeln). Klippfisch war immer preisgünstig und hielt sich längere Zeit. Leider wurde *Baccalà* mit der Zeit teurer und ist heute keine Zutat der *Cucina povera* mehr. Daher schlage ich hier einen einfachen Fisch-Kartoffel-Auflauf mit einer aromatischen Semmelbröselkruste vor. Diese nahrhafte Mahlzeit ist schnell zubereitet und lässt sich mit jedem guten hellen Fisch, den Sie beim Fischhändler bekommen, zubereiten.

4 Portionen
50 g Semmelbrösel
1 Handvoll glatte Petersilienblätter, fein gehackt
1 Knoblauchzehe, fein gehackt
Abrieb von ½ unbehandelten Bio-Zitrone
500 g Kartoffeln
natives Olivenöl extra zum Beträufeln
Meersalz und schwarzer Pfeffer aus der Mühle
4 weiße Fischfilets mit Haut (z. B. Kabeljau oder Merlan), jeweils ca. 150 g
8 Kirschtomaten, halbiert

Den Backofen auf 180 °C (Umluft) vorheizen.

Semmelbrösel, Petersilie, Knoblauch und Zitronenabrieb in einer Schüssel mischen und zur Seite stellen.

Die Kartoffeln schälen und in 3 mm dicke Scheiben schneiden. Etwas Olivenöl in eine Auflaufform träufeln, eine Schicht Kartoffeln hineinlegen und mit etwas Salz und Pfeffer bestreuen. Etwa ein Drittel der Semmelbrösel-Mischung darübergeben, dann wieder mit Olivenöl beträufeln. Eine zweite solche Schicht einfüllen, dabei aber die restliche Semmelbrösel-Mischung zurückbehalten. 2 EL Wasser seitlich in die Form geben, dann mit Alufolie abdecken und 30 Minuten im Ofen backen. Die Folie abnehmen und noch weitere 10 Minuten garen.

Die Fischfilets mit der Hautseite nach unten auf die Kartoffeln legen, mit der restlichen Semmelbrösel-Mischung bestreuen und die Tomatenhälften darauf verteilen. Mit Olivenöl beträufeln und noch 17 Minuten backen, bis der Fisch gar ist.

Aus dem Ofen nehmen und mit gedämpftem Gemüse oder grünem Salat servieren.

PANADINE SARDE

Sardische Fleischtörtchen

Diese herzhaften Törtchen kommen ursprünglich aus Sardinien. Oft wurden sie aus Resten von Brotteig zubereitet, den man mit Schmalz verfeinerte und mit Zutaten, die gerade vorrätig waren, gefüllt hat. Heutzutage füllt man sie gerne mit Hackfleisch und/oder Gemüse, ich habe für mein Rezept Lammfleisch verwendet. Aber Sie können natürlich auch Rinder- oder Schweinehack oder eine Mischung aus beidem nehmen. Alternativ verwenden Sie das Gemüse, das Sie gerade vorrätig haben oder verwerten möchten. Mit einem grünen oder gemischten Salat dazu entsteht daraus eine vollständige Mahlzeit. Diese kleinen Törtchen sind auch prima für ein Picknick oder für unterwegs.

Ergibt 10 kleine Törtchen

Für den Teig

400 g Mehl (Type 00), plus mehr zum Arbeiten
1 Prise Meersalz
150 g kalte Butter

Für die Füllung

2 TL natives Olivenöl extra
1 kleine Zwiebel, fein gehackt
200 g Lammhackfleisch
8 frische Minzeblätter, grob zerpflückt
Meersalz und schwarzer Pfeffer aus der Mühle
30 ml Weißwein
180 g Kartoffeln, geschält und gewürfelt
100 g TK-Erbsen
15 g geriebener Pecorino
1 Bio-Eigelb, mit 1 Schuss Milch verquirlt

Für den Teig Mehl und Salz in einer großen Schüssel mischen, die Butter in kleinen Stücken dazugeben und alles mit den Fingerspitzen zu einem krümeligen Teig verarbeiten. Nach und nach etwa 150 ml kaltes Wasser dazugießen und alles zu einem glatten Teig verkneten. Zu einer Kugel formen, in Frischhaltefolie wickeln und mindestens 30 Minuten im Kühlschrank ruhen lassen. Währenddessen die Füllung zubereiten.

Dafür das Olivenöl in einer Pfanne erhitzen, die Zwiebel hinzufügen und bei mittlerer Temperatur etwa 3 Minuten weich dünsten. Das Lammhackfleisch unterrühren und ca. 7 Minuten anbräunen. Minzeblätter und etwas Salz und Pfeffer dazugeben, dann den Wein angießen und etwa 5 Minuten einkochen. Die Kartoffeln hinzufügen, einen Topfdeckel auflegen und etwa 10 Minuten köcheln, dann die Erbsen hineingeben und noch 2 Minuten weitergaren, bis die Kartoffeln gerade weich sind. Die Pfanne vom Herd nehmen, alles abkühlen lassen und dann den Pecorino unterrühren.

Den Backofen auf 180 °C (Umluft) vorheizen. Ein Backblech mit Backpapier belegen.

Den Teig auf einer bemehlten Arbeitsfläche etwa 5 mm dick ausrollen. Mit einem runden Ausstecher (10 cm Ø) 10 Kreise ausstechen, dann mit einem Ausstecher mit 9 cm Ø weitere 10 Kreise. Dabei zwischendurch, falls nötig, Teigreste erneut ausrollen.

Einen der größeren Teigkreise in die Handfläche legen und 3–4 TL Füllung daraufgeben. Einen der kleineren Kreise auflegen und die Ränder andrücken, damit die Füllung nicht ausläuft. Mit den Fingern die Kanten sternförmig zusammendrücken. Dasselbe mit den restlichen Teigkreisen wiederholen, sodass insgesamt 10 Törtchen entstehen. Auf dem Backblech platzieren und mit der Eigelb-Milch-Mischung bestreichen. 40 Minuten goldbraun backen.

Aus dem Ofen nehmen und heiß oder kalt servieren. Abgekühlt halten sie sich in einer verschlossenen Dose im Kühlschrank 3 Tage.

RAGÙ DI STINCO DI MAIALE

Schweinshaxe in Tomatensauce

Schweinshaxe ist ein relativ preiswertes Stück Fleisch und eignet sich sehr gut zum Schmoren in einer Sauce. Für einen intensiveren Geschmack habe ich das Fleisch mit einer Mischung aus Knoblauch, Kräutern und geriebenem Parmesan gewürzt. Schweinshaxe muss länger geschmort werden, aber die Tomatensauce kann dann mit frisch gekochter Pasta verzehrt und das Fleisch mit einem grünen Salat als Hauptspeise serviert werden. Übrige Tomatensauce kann man für eine andere Gelegenheit im Kühlschrank oder Gefrierfach aufbewahren. In Italien wird dieses einfache Gericht für zwei Gänge verwendet, meist für ein Sonntagessen.

4 Portionen

2 Knoblauchzehen, gehackt
2 Zweige Rosmarin, Nadeln fein gehackt
1 Handvoll glatte Petersilie, fein gehackt
Abrieb von ¼ unbehandelten Bio-Zitrone
10 g geriebener Parmesan
Meersalz und schwarzer Pfeffer aus der Mühle
1,5 kg Schweinshaxe
5 EL natives Olivenöl extra
50 ml Weißwein
½ Zwiebel, fein gehackt
1 Stange Staudensellerie, fein gehackt
1 kleine Karotte, fein gehackt
1 l Tomatenpassata

Knoblauch, Rosmarin, Petersilie, Zitronenabrieb, Parmesan und etwas Salz und Pfeffer in einer Schale mischen, in die Öffnungen der Schweinshaxe füllen und die Mischung fest andrücken. Mit Küchengarn zusammenbinden, damit die Füllung nicht herausfällt.

2 EL Olivenöl in einem großen Topf bei mittlerer bis hoher Temperatur erhitzen, das Fleisch hineinlegen und von allen Seiten etwa 20 Minuten scharf anbraten, dann den Wein angießen und verdampfen lassen. Das Fleisch auf einem Teller beiseitestellen.

Das restliche Olivenöl im selben Topf erhitzen, Zwiebel, Sellerie und Karotte darin bei mittlerer Temperatur etwa 5 Minuten anschwitzen, bis das Gemüse weich ist. Das Fleisch wieder in den Topf legen, die Tomatenpassata und etwa 600 ml Wasser dazugießen, sodass das Fleisch nahezu bedeckt ist. Zum Kochen bringen, dann die Temperatur reduzieren und halb abgedeckt 3 ½ Stunden schmoren, bis das Fleisch zart ist, sich fast vom Knochen löst und die Tomatensauce eingedickt ist.

Das Fleisch herausnehmen, aufschneiden und etwas Tomatensauce dazureichen. Nach Belieben die Sauce zu Nudeln servieren.

POLENTA CON COSTINE DI MAIALE

Spareribs mit Polenta

Ich liebe Spareribs, wenn sie lange in einer Tomatensauce geschmort werden, sodass das Fleisch fast vom Knochen fällt. Sie schmecken köstlich, wenn man sie auf zähflüssiger Polenta serviert, und ergeben eine köstliche, herzhafte Mahlzeit.

In Italien werden Polentagerichte wie dieses vor allem in ländlichen Gegenden auf einem Holzbrett in der Tischmitte angerichtet. Dann sticht jeder mit seiner Gabel hinein, sodass man keine Einzelteller benötigt. Aus hygienischen Gründen mag das heutzutage nicht mehr jeder, doch ist es eine schöne bäuerliche Art, dieses Gericht zu servieren, und man spart sich dazu noch den Abwasch!

4 Portionen

3 EL natives Olivenöl extra
800 g Spareribs vom Schwein
½ Zwiebel, fein gehackt
1 Stange Staudensellerie, fein gehackt
1 kleine Karotte, fein gehackt
2 Lorbeerblätter
70 ml Weißwein
800 g gehackte Tomaten (aus der Dose)
2 TL Tomatenmark, mit etwas Wasser angerührt
Meersalz
800 ml Gemüsebrühe oder Wasser
200 g Instant-Polenta

Das Olivenöl in einer großen Pfanne erhitzen, die Spareribs hineinlegen und bei mittlerer Temperatur 10 Minuten scharf anbraten. Zwiebel, Sellerie, Karotte und Lorbeerblätter hinzufügen und bei mittlerer Temperatur einige Minuten sautieren. Die Temperatur erhöhen, den Wein angießen und verdampfen lassen.

Die Tomaten hinzufügen, die Dose mit Wasser ausspülen (etwa zur Hälfte füllen) und zusammen mit dem Tomatenmark und etwas Salz dazugeben. Zugedeckt 1 ¾ Stunden sanft schmoren, bis das Fleisch gar ist.

Kurz vor Ende der Garzeit die Polenta zubereiten. Die Gemüsebrühe in einem Topf zum Kochen bringen, dann nach und nach die Polenta einrieseln lassen. Dabei sorgfältig rühren, damit sich keine Klümpchen bilden. Unter Rühren etwa 3–5 Minuten kochen bzw. die Kochzeit an die Angabe auf der Packung anpassen.

Die Polenta sofort auf ein Holzbrett oder eine große Servierplatte geben und die Spareribs mit Tomatensauce darauf anrichten. Sofort servieren.

TARTES, GEBÄCK UND DESSERTS

TORTA DI PANE AL CIOCCOLATO

Schokoladen-Brotkuchen

Für Brotkuchen lässt sich hervorragend altbackenes Brot verwerten. Diesen Kuchen backt man in Italien traditionell im Piemont. Es gibt ihn in vielen Varianten, aber immer wird dafür altbackenes Brot in Milch eingeweicht und mit anderen Zutaten, die gerade vorrätig sind, kombiniert, etwa mit Trockenfrüchten, Schokolade, Nusskernen oder auch mit salzigen Zutaten. Dies ist ein sehr gehaltvoller Kuchen, ein Stück davon hält lange vor!

12 Portionen

300 g altbackenes Brot ohne Rinde
Abrieb und Saft von 1 unbehandelten Bio-Orange, plus ein paar Zesten zum Dekorieren
700 ml heiße Milch (nicht kochend)
70 g Sultaninen
120 g knusprige Amaretti-Kekse, plus mehr zum Dekorieren (nach Belieben)
etwas Butter oder Olivenöl für die Form
50 g Kakaopulver, gesiebt
2 Bio-Eier, leicht verquirlt
120 g feiner Zucker
30 g Walnusskerne, grob gehackt

Das Brot grob in kleine Stücke hacken, in eine Schale geben und mit dem Orangenabrieb mischen. Dann die heiße Milch darübergießen, abdecken und 30 Minuten einweichen, bis die Milch aufgenommen wurde.

Währenddessen die Sultaninen in Orangensaft einlegen und die Amaretti-Kekse sehr fein zerstoßen.

Den Backofen auf 160 °C (Umluft) vorheizen. Eine 24 cm große, runde Springform einfetten und mit Backpapier auslegen.

Das eingeweichte Brot mit zerstoßenen Amaretti-Keksen, Kakaopulver, Eiern, Zucker, Walnusskernen und den abgetropften Sultaninen vermengen (den restlichen Orangensaft wegschütten). Den Teig gleichmäßig in der vorbereiteten Form verstreichen und etwa 1 Stunde im Ofen backen. Bei der Garprobe sollte das Holzstäbchen sauber bleiben. Da der Kuchen feucht ist, klebt eventuell noch Teig daran, aber er sollte nicht mehr zähflüssig sein.

Den Kuchen aus dem Ofen nehmen und vollständig abkühlen lassen, dann erst aus der Form lösen. Auf eine Kuchenplatte legen und nach Belieben mit ein paar Amaretti-Keksen und Orangenzesten dekorieren.

Der Kuchen schmeckt am besten frisch, aber er hält sich in einem gut verschlossenen Behälter bei Zimmertemperatur bis zu 3 Tage.

TORTA DI MELE

Apfelkuchen

Dieser rustikale Apfelkuchen ist so einfach zu machen und das Ergebnis ist wunderbar locker. Ich bin sicher, er wird ein Familienliebling! Nehmen Sie zum Backen das italienische Backpulver *Paneangeli*, damit der Kuchen nicht nur locker aufgeht, sondern auch ein wunderbares Vanillearoma bekommt. Genießen Sie ein Stück davon zum Kaffee oder Tee oder als Dessert, vielleicht mit etwas Mascarpone, Sahne oder Puddingcreme.

8 Portionen

50 ml natives Olivenöl extra, plus mehr für die Form
3 Äpfel
Abrieb und Saft von 1 unbehandelten Bio-Zitrone
150 g feiner Zucker
2 Bio-Eier (Größe L)
1 TL Vanilleextrakt
200 g Mehl (Type 550), gesiebt
1 Pck. Paneangeli, gesiebt (alternativ normales Backpulver)
200 g Naturjoghurt
2 TL Puderzucker
1 TL Zimtpulver

Den Backofen auf 160 °C (Umluft) vorheizen. Eine 24 cm große, runde Springform einfetten.

Äpfel schälen, entkernen, in dünne Scheiben schneiden und in Zitronenwasser legen (dafür Zitronensaft und etwas kaltes Wasser in einer Schüssel vermengen).

Zucker, Eier, Vanilleextrakt und Zitronenabrieb in eine Rührschüssel geben und mit dem elektrischen Handrührgerät etwa 5 Minuten zu einer hell-schaumigen Masse aufschlagen. Das Öl unterrühren, dann Mehl, Backpulver und Joghurt sorgfältig untermischen. Den Teig gleichmäßig in der vorbereiteten Kuchenform verstreichen.

Die Äpfel gründlich abtropfen lassen und mit Küchenpapier trocken tupfen. Dann auf dem Kuchen verteilen. Puderzucker und Zimtpulver mischen und die Äpfel damit bestreuen.

Im Ofen in etwa 45–50 Minuten goldbraun backen.

Den Kuchen herausnehmen und in der Form vollständig abkühlen lassen. Vorsichtig herauslösen und zum Servieren in Stücke schneiden.

Dieser Kuchen schmeckt am besten frisch, aber er hält sich in einem gut verschlossenen Behälter bei Zimmertemperatur 2 Tage.

PALLARES

SCARPACCIA VIAREGGINA

Zucchini-Tarte

Das Rezept für diese süße Tarte der »armen Leute« ist schon sehr alt. Es ist ein beliebtes Dessert im Frühling/Sommer, wenn es in der am Meer gelegenen toskanischen Stadt Viareggio viele zarte und süßliche Zucchini gibt. Der Name *Scarpaccia* bedeutet »alter Schuh« und rührt vielleicht daher, dass dieses puddingartige Dessert so flach wie ein alter Schuh ist. Und in der Tat sieht es aus wie ein gebackenes Omelett, wenn es aus dem Ofen kommt. Wenn Sie es außerhalb der Saison zubereiten oder keine kleinen Zucchini bekommen können, nehmen Sie normale dafür.

4–6 Portionen
natives Olivenöl extra zum Beträufeln,
plus mehr für die Form
1 Bio-Ei (Größe M)
85 g feiner Zucker
25 g Butter, zerlassen
1 TL Vanilleextrakt
65 ml Milch
Abrieb von 1 kleinen unbehandelten Bio-Zitrone,
plus mehr zum Dekorieren
75 g Mehl (Type 550), gesiebt
4 g Backpulver, gesiebt
250 g kleine Zucchini, in sehr feine Scheiben geschnitten

Den Backofen auf 180 °C (Umluft) vorheizen. Eine 22 cm große, runde Springform einfetten und mit Backpapier auslegen.

Ei und Zucker hell-schaumig aufschlagen, dann zerlassene Butter, Vanilleextrakt, Milch und Zitronenabrieb unterrühren. Mehl und Backpulver untermischen, anschließend die Zucchini. Den Teig gleichmäßig in der vorbereiteten Kuchenform verstreichen und mit etwas Olivenöl beträufeln.

5 Minuten backen, dann die Ofentemperatur auf 160 °C reduzieren und noch weitere 50 Minuten backen, bis sich eine goldbraune Kruste auf der Oberseite bildet.

Den Kuchen herausnehmen und in der Form vollständig abkühlen lassen. Vorsichtig aus der Form lösen, in Stücke schneiden und zum Servieren nach Belieben mit Zitronenabrieb bestreuen.

Diese Tarte schmeckt am besten frisch oder auch am nächsten Tag.

MIGLIACCIO NAPOLETANO

Neapolitanischer Grießkuchen

Dieses neapolitanische Dessert wurde ursprünglich mit Hirse, einer beliebten Zutat der *Cucina povera*, zubereitet. Man reicherte es dann noch mit Schweineblut an, aber diese Tradition hat man schon lange aufgegeben. Heutzutage bereitet man diese Süßspeise für die Zeit des *Carnevale* mit Grieß zu, und sowohl Ricotta als auch Vanille und Zitronen vereinen die Aromen dieser süditalienischen Gegend auf perfekte Weise.

8 Portionen

40 g Butter, plus mehr für die Form
500 ml Milch
je ein kleines Stück Schale von 1 unbehandelten Bio-Zitrone und Orange
200 g Grieß
4 Bio-Eier (Größe M)
250 g feiner Zucker
2 TL Vanilleextrakt
Abrieb von 1 unbehandelten Bio-Zitrone und 1 Orange (von denselben Früchten wie das ganze Schalenstück)
250 g Ricotta, abgetropft
Puderzucker zum Garnieren

Den Backofen auf 180 °C (Umluft) vorheizen. Eine 24 cm große, runde Springform mit Butter einfetten und mit Backpapier auslegen.

Milch, 500 ml Wasser, Zitrusschalen und Butter in einem großen Topf bei niedriger bis mittlerer Temperatur erhitzen, bis die Butter geschmolzen ist. Die Temperatur erhöhen und die Mischung zum Kochen bringen, dann die Zitrusschalen entfernen und den Grieß nach und nach einrieseln lassen. Etwa 4 Minuten unter Rühren bei mittlerer Temperatur dicklich einkochen. Die Masse vom Herd nehmen und zum Abkühlen auf einen großen Teller gießen.

Eier, Zucker und Vanilleextrakt mit einem elektrischen Rührgerät in einer Schüssel etwa 5 Minuten schaumig aufschlagen. Zitronen- und Orangenabrieb hinzufügen und anschließend den Ricotta und die Grießmasse sorgfältig unterrühren.

Gleichmäßig in der vorbereiteten Kuchenform verstreichen und etwa 60 Minuten im Ofen goldbraun backen. Wenn die Oberseite nach etwa 40 Minuten zu dunkel wird, den Kuchen mit Alufolie abdecken.

Aus dem Ofen nehmen und in der Form vollständig abkühlen lassen. Dann vorsichtig herauslösen. Mit gesiebtem Puderzucker bestäuben und servieren.

Der Kuchen hält sich in einem gut verschlossenen Behälter bei Zimmertemperatur bis zu 3 Tage.

SBRICIOLATA DI PESCHE

Pfirsichkuchen mit Streuseln

Der Streuselkuchen hat bäuerliche Wurzeln und ist eine typische Süßspeise in der norditalienischen Region um Mantua. Ursprünglich stellte man die *Sbrisolona*, wie der Kuchen im regionalen Dialekt heißt und was eigentlich »Semmelbrösel« bedeutet, aus regional verfügbaren Zutaten wie Haselnusskernen und Maismehl, ohne Zucker her. Mit der Zeit wurde dieses Rezept verfeinert, zwar werden immer noch Nusskerne dafür verwendet, aber man füllt den Kuchen heutzutage mit Cremes aus Schokolade oder Ricotta sowie mit Früchten. Diese Version wird mit Pfirsichen aus der Dose gemacht, die man das ganze Jahr über bekommt und gut lagern kann, aber im Sommer können Sie dafür auch frische Pfirsiche verwenden, wenn Sie möchten. Sie können die Pfirsiche auch durch anderes Obst ersetzen, etwa durch Aprikosen, Birnen oder Äpfel. Zu diesem Kuchen schmeckt aufgeschlagener Ricotta sehr gut.

8 Portionen

100 g kalte Butter, gewürfelt, plus mehr für die Form
300 g Mehl (Type 550), plus mehr zum Arbeiten
500 g Pfirsiche (aus der Dose) oder frische reife Pfirsiche
½ Pck. Backpulver
100 g feiner Zucker
1 Bio-Ei, leicht verquirlt
250 g Ricotta, abgetropft
2 EL Puderzucker, gesiebt
2 TL Vanilleextrakt

Den Backofen auf 170 °C (Umluft) vorheizen. Eine runde 24 cm große Springform mit Butter einfetten und mit Mehl bestäuben, dann überschüssiges Mehl abklopfen.

Pfirsiche gut abtropfen lassen und in Scheiben schneiden. Frische Pfirsiche zuvor schälen und entsteinen. Zur Seite stellen.

Mehl und Backpulver in eine Schüssel sieben, mit Zucker mischen und dann mit der Butter zu feinen Krümeln verarbeiten. Das Ei mit den Fingerspitzen einarbeiten, bis ein krümeliger Teig entsteht.

Zwei Drittel davon in die vorbereitete Form geben, gleichmäßig bis zu den Rändern darin verteilen und zu einem Boden andrücken. Pfirsichscheiben darauflegen, dabei rundum einen etwa 1 cm breiten Rand frei lassen. Mit den restlichen Streuseln bestreuen und dabei die Zwischenräume zwischen den Obstscheiben abdecken.

Etwa 40 Minuten goldbraun backen. Den Kuchen herausnehmen und 5 Minuten ruhen lassen. Dann vorsichtig aus der Form lösen und auf eine Kuchenplatte legen.

Den Ricotta mit Puderzucker und Vanilleextrakt locker aufschlagen. Den Streuselkuchen in Stücke schneiden und warm oder kalt mit dem aufgeschlagenen Ricotta servieren.

Er schmeckt am besten am Tag der Zubereitung, hält sich aber in einem gut verschlossenen Behälter bei Zimmertemperatur bis zu 2 Tage. Der aufgeschlagene Ricotta hält sich in einem verschlossenen Behälter 2 Tage im Kühlschrank.

PASTICCINI DI CASTAGNE

Süße Kastanientörtchen

Ob Sie es glauben oder nicht, Esskastanien waren einst ein Grundnahrungsmittel der armen Landbevölkerung und bildeten einen wichtigen Bestandteil der *Cucina povera*. Im Herbst gibt es in Italien viele Kastanien und zahlreiche Gerichte, sowohl süße als auch herzhafte, in denen sie verarbeitet werden. Man mahlt sie auch zu Mehl, das man für Pasta, Brot und Kuchen verwendet. Die Törtchen findet man häufig in den Konditoreien meiner Heimatstadt Minori an der Amalfiküste, und da ich Kastanien sehr gerne esse, musste ich sie in dieses Buch aufnehmen. Die Zubereitung ist etwas zeitaufwendig, aber sie lohnt sich!

Ergibt etwa 12 Törtchen

Für den Teig

250 g Mehl (Type 550), plus mehr zum Arbeiten
1 Prise Meersalz
125 g kalte Butter, in kleine Stücke geschnitten
100 g feiner Zucker
Abrieb von 1 kleinen unbehandelten Bio-Zitrone
2 Bio-Eigelb (Größe M)

Für die Füllung

300 g frische Esskastanien
1 TL Meersalz
1 Lorbeerblatt
1 TL Fenchelsamen
40 g feiner Zucker, plus 1 EL zum Kochen
1 TL Vanilleextrakt
20 g Kakaopulver, gesiebt
2 TL Rosinen, in 1 EL Rum eingeweicht
150 ml Milch, plus mehr zum Bestreichen
Puderzucker, gesiebt, zum Dekorieren (nach Belieben)

Für den Teig Mehl und Salz in einer großen Schüssel mischen, Butter hinzufügen und mit den Fingerspitzen zu einem Teig mit krümeliger Konsistenz verarbeiten. Zucker und Zitronenabrieb und anschließend nacheinander die Eigelbe zugeben, dabei alles mit den Händen zu einem glatten Teig verkneten. Bei Bedarf etwas kaltes Wasser hinzufügen.

Zu einer Kugel formen, in Backpapier wickeln und im Kühlschrank ruhen lassen.

Währenddessen die Esskastanien mit Salz, Lorbeerblatt, Fenchelsamen und 1 EL Zucker in einen Topf geben, mit Wasser bedecken und zum Kochen bringen. Ca. 30 Minuten sanft köcheln lassen, bis sie weich sind. Die Garzeit hängt von der Größe der Kastanien ab.

Kastanien abtropfen und etwas abkühlen lassen, dann schälen und die inneren Häute entfernen. Noch warm zerdrücken – das geht gut mit einer Kartoffelpresse.

Die zerdrückten Kastanien in einen Topf geben und mit dem Zucker vermengen. Vanilleextrakt, Kakaopulver und Rosinen mit dem Rum hinzufügen und die Milch nach und nach unterrühren, dabei darauf achten, dass sich keine Klümpchen bilden.

Bei mittlerer Temperatur etwa 15 Minuten köcheln und dabei mit einem Schneebesen oder Holzlöffel umrühren, bis die Masse dicklich und cremig ist. Vom Herd nehmen und zum Abkühlen beiseitestellen.

Den Backofen auf 160 °C (Umluft) vorheizen. Ein Backblech mit Backpapier belegen.

Den Teig auf einer leicht bemehlten Arbeitsfläche etwa 5 mm dünn ausrollen. Mit einem runden Ausstecher mit 8 cm Durchmesser 10 Kreise ausstechen, dann mit einem 7 cm großen Ausstecher weitere 10 Kreise. Dabei zwischendurch, falls nötig, Teigreste erneut ausrollen.

Jeweils 1 guten Klecks Füllung mittig auf die größeren Teigkreise geben, dann einen kleineren Kreis darauflegen und die Ränder fest zusammendrücken. Die Törtchen in eine Muffinform setzen, mit etwas Milch bestreichen und 25–30 Minuten goldbraun backen.

Herausnehmen, etwas abkühlen lassen und nach Belieben zum Servieren mit Puderzucker bestäuben. Abgekühlt halten sie sich in einer verschlossenen Dose bei Zimmertemperatur 3 Tage.

SEADAS

Sardische süße Ravioli

Dieses süße frittierte Gebäck in Ravioliform stammt aus der sardischen *Cucina povera*. Dafür werden Reste von Nudelteig, regionalem Käse und Honig verwendet. Das Ergebnis ist eine fantastische Kombination aus herzhaft und süß, weshalb die *Seadas* auf der Insel als Delikatesse gelten. Da sie größer als normale Ravioli sind, servieren Sie eine *Seada* pro Person, ganz frisch zubereitet, damit der warme Käse schön verläuft. Am besten einen jungen, weichen Pecorino verwenden, den man in italienischen Feinkostläden erhält.

6 Portionen
150 g Mehl (Type 00), plus mehr zum Arbeiten
1 Prise Meersalz
35 g Schmalz
120 g weicher Pecorino
Abrieb von 1 unbehandelten Bio-Orange, plus mehr zum Servieren
Pflanzenöl zum Frittieren
flüssiger Honig zum Beträufeln

Mehl, Salz und Schmalz in einer Schüssel vermischen, dann nach und nach etwa 80 ml lauwarmes Wasser hinzufügen und alles zu einem glatten Teig verarbeiten. Anschließend auf der Arbeitsfläche 5 Minuten kneten, bis der Teig weich und elastisch ist. In Frischhaltefolie wickeln und 30 Minuten bei Zimmertemperatur ruhen lassen.

Währenddessen den Pecorino reiben und in einer Schale mit Orangenabrieb mischen.

Den Teig auf einer leicht bemehlten Arbeitsfläche möglichst dünn ausrollen. Wenn Sie eine Nudelmaschine haben, diese auf die kleinste Stufe einstellen.

Dann mit einem runden Ausstecher (10 cm Ø) 12 Kreise ausstechen. Von Hand walnussgroße Portionen der Pecorino-Füllung mittig auf 6 Teigkreise setzen, dann jeweils einen der ürbigen Teigkreise darauflegen und die Ränder fest zusammendrücken.

Reichlich Öl in einer tiefen Pfanne bei hoher Temperatur erhitzen. Die *Seadas* hineingleiten lassen und bei mittlerer bis hoher Temperatur etwa 5 Minuten goldgelb ausbacken. Wenn Sie sie nicht wenden möchten, einfach etwas Öl darübergeben.

Herausnehmen und auf Küchenpapier abtropfen lassen. Warm halten und die restlichen *Seadas* auf dieselbe Weise fertigstellen. Die heißen *Seadas* auf einen Servierteller geben, mit etwas Honig beträufeln und mit Orangenabrieb bestreuen, dann sofort servieren.

MELANZANE AL CIOCCOLATO

Schoko-Auberginen

Dies ist ein recht altes Rezept für ein ungewöhnliches Dessert, über dessen Ursprung viele Geschichten kursieren. Manche erzählen, dass es von Nonnen in einem Kloster erfunden wurde, die ein ähnliches Gericht für die Geburt des Enkels eines russischen Zaren zubereiteten, der die Amalfiküste besuchte. Andere glauben, dass es von Franziskanermönchen stammt, die Auberginen mit ihrem selbst gemachten süßen Likör beträufelten. In jüngerer Zeit meinen wiederum andere, dass Bauern Gläser mit Schokolade, die ihnen Amerikaner während des Zweiten Weltkriegs schenkten, für Gerichte wie dieses verwendeten. Wie auch immer, diese süßen Leckereien verzehrt man am *Ferragosto* an der amalfitanischen und sorrentinischen Küste. Dies ist die Version von meiner Schwester Adriana – ich liebe sie!

12 Portionen
100 g Kakaopulver (mind. 70 % Kakaoanteil), gesiebt
50 g Mehl (Type 550), plus mehr zum Arbeiten
400 g feiner Zucker
200 g Zartbitterschokolade, in kleine Stücke gebrochen
50 ml Vin Santo, Marsala oder Amaretto
Pflanzenöl zum Ausbacken
3 Auberginen, geschält und in dünne Scheiben geschnitten
4 Bio-Eier, verquirlt
16 Amaretti-Kekse, zerstoßen
Zimtpulver (nach Belieben)
Abrieb von 1 unbehandelten Bio-Zitrone
Abrieb von 1 unbehandelten Bio-Orange
1 Handvoll gehobelte Mandelkerne

Kakaopulver und Mehl in einem Topf mischen und nach und nach 300 ml Wasser unterrühren. Darauf achten, dass sich keine Klümpchen bilden. Zur Seite stellen.

Zucker und 250 ml Wasser in einem zweiten Topf bei mittlerer Temperatur unter ständigem Rühren erhitzen, bis sich der Zucker auflöst. Dann noch ein paar Minuten weiterköcheln und dabei ständig rühren. Vom Herd nehmen, die Schokoladenstücke dazugeben und rühren, bis sie geschmolzen sind.

Die Masse nach und nach unter die Kakao-Mehl-Mischung rühren und darauf achten, dass sich keine Klümpchen bilden. Auf den Herd stellen, den Likör hinzufügen und bei mittlerer Temperatur unter ständigem Rühren 5 Minuten kochen, bis eine glatte Mischung entsteht. Den Topf vom Herd nehmen und zur Seite stellen.

Ausreichend Öl in einer tiefen Pfanne erhitzen und die Auberginenscheiben von beiden Seiten darin ein paar Minuten goldgelb braten. Herausnehmen und auf Küchenpapier abtropfen lassen.

Die Auberginenscheiben längs vierteln und durch die verquirlten Eier ziehen. Wieder Öl in einer tiefen Pfanne erhitzen und die Auberginen ein weiteres Mal von beiden Seiten etwa 1–2 Minuten goldgelb braten. Herausnehmen und auf Küchenpapier abtropfen lassen.

Den Boden einer etwa 5 cm tiefen Auflaufform mit der Schokoladenmasse bestreichen. Die Auberginenscheiben in die Schokolade im Topf tunken und in einer Schicht auf dem Formboden anrichten. Mit ein paar zerbröselten Amaretti und anschließend mit 1 Prise Zimtpulver (falls verwendet) sowie mit etwas Zitrusabrieb bestreuen. Auf dieselbe Weise eine weitere Schicht einfüllen. Abschließend mit den restlichen Keksen, Zimt, Zitrusabrieb und gehobelten Mandeln bestreuen.

Die Form abdecken und bis zum Servieren in den Kühlschrank stellen. Das Dessert hält sich im Kühlschrank bis zu 5 Tage.

FRITTELLE DI RICOTTA

Kleine Ricotta-Krapfen

Süße Krapfen aß man in Italien traditionell zur Zeit des *Carnevale* – unmittelbar vor der Fastenzeit –, um sich vor der heiligen Zeit, in der Süßigkeiten verboten waren, noch einmal zu stärken. Mit der Zeit hat sich der Brauch verändert, aber Krapfen sind im *Carnevale* und an anderen Festen immer noch beliebt. Jede Region hat ihre Favoriten. Diese wunderbar leichten, lockeren, kleinen Krapfen entstanden wahrscheinlich, um im Haushalt Ricottareste zu verwerten, denn der weiche Käse wurde oft für die Alltagsküche verwendet. Dies sind mit Vanille aromatisierte Krapfen, aber Sie können auch Zitronen- oder Orangenabrieb hinzufügen. Probieren Sie sie aus, Sie werden es nicht bereuen – wenn man sie erst einmal gegessen hat, kommt man kaum noch davon los!

Ergibt etwa 40 kleine Krapfen
2 Bio-Eier (Größe M)
250 g Ricotta, abgetropft
50 g feiner Zucker, plus mehr zum Garnieren
100 g Mehl (Type 550 oder Type 00), gesiebt
½ Pck. Backpulver, gesiebt
1 TL Vanilleextrakt
Pflanzenöl zum Frittieren

Eier mit einer Gabel in einer Schüssel verquirlen, dann Ricotta hinzufügen und beides sorgfältig vermengen. Zucker, Mehl, Backpulver und Vanilleextrakt unterrühren.

Ausreichend Öl in einer Pfanne erhitzen, dann den Teig teelöffelweise hineingeben und in einigen Minuten goldbraun frittieren. Dabei portionsweise vorgehen und aufpassen, dass das Öl nicht zu heiß wird, damit die Krapfen nicht zu schnell bräunen. Sie müssen außen goldbraun und innen gar und locker sein.

Mit einem Schaumlöffel herausnehmen und auf Küchenpapier legen, damit überschüssiges Öl abtropfen kann. Den Vorgang für die restlichen Krapfen wiederholen (insgesamt erhält man etwa 40 Stück).

Die frittierten Krapfen zum Abschluss in etwas Zucker wälzen. Warm serviert schmecken sie köstlich.

ROTOLO DOLCE DI ZUCCA

Süße Kürbisrolle

Auch wenn dies kein traditionelles Rezept der *Cucina povera* ist, so ist in ländlichen Gegenden Kürbis im Herbst doch eine gern gesehene Zutat. Er wurde für zahlreiche unterschiedliche herzhafte Gerichte verwendet, aber weil er ein wenig süß ist, nehme ich ihn auch für Desserts. Die Süße von mit einem Hauch Zimt gewürztem Kürbispüree passt sehr gut zur Füllung aus aufgeschlagenem Ricotta. Um Zeit zu sparen, können Sie fertig pürierten Kürbis aus dem Glas kaufen.

8 Portionen

Für den Biskuit

etwas Butter oder Olivenöl für die Form
ca. 850 g Kürbis (ergibt 150 g Püree)
3 Bio-Eier (Größe M)
150 g feiner Zucker, plus mehr zum Arbeiten
1 TL Vanilleextrakt
100 g Mehl (Type 550)
1 TL Backpulver
2 TL Zimtpulver

Für die Füllung

400 g Ricotta, gut abgetropft
100 g Puderzucker, plus mehr zum Garnieren
Abrieb von 1 unbehandelten Bio-Orange (Orangensegmente nach Belieben zum Dekorieren verwenden)
30 g helle oder dunkle Schokoladentröpfchen

Den Backofen auf 180 °C (Umluft) vorheizen. Ein Backblech leicht einfetten, dann Backpapier darauflegen.

Das Kürbispüree für den Biskuitteig vorbereiten. Dafür den Kürbis schälen, halbieren, die Kerne herausschaben und das Fruchtfleisch in dünne Scheiben schneiden. Auf einem Backblech im Ofen etwa 25 Minuten backen, bis sie weich sind. Herausnehmen und abkühlen lassen. Dabei den Ofen angeschaltet lassen und auf 160 °C reduzieren. Die Kürbisscheiben in einem Mixer oder einer Küchenmaschine glatt und cremig pürieren. Es wird 150 g Püree benötigt. Zur Seite stellen.

Eier und Zucker in einer Schüssel etwa 5 Minuten mit einem elektrischen Rührgerät hellcremig aufschlagen. Vanilleextrakt und Kürbispüree unterrühren. Mehl, Backpulver und Zimt hineinsieben und alles vorsichtig vermengen. Den Teig gleichmäßig auf dem Backblech verstreichen und 15 Minuten backen, bis er aufgeht und goldbraun ist.

In der Zwischenzeit für die Füllung den Ricotta in eine Schüssel geben, Puderzucker darübersieben, Orangenabrieb und Schokoladentröpfchen hinzufügen und alles vermengen. Bis zur weiteren Verwendung kühl stellen.

Einen Bogen Backpapier auf die Arbeitsfläche legen und mit etwas feinem Zucker bestreuen. Den noch heißen Biskuit auf das mit Zucker bestreute Papier stürzen und das Backpapier vorsichtig abziehen. Dann den Boden mithilfe des unteren Backpapiers vorsichtig von der langen Seite her einrollen. Abkühlen lassen.

Den kalten Biskuit vorsichtig aufrollen und gleichmäßig mit der Füllung bestreichen. Dann ohne das Backpapier wieder einrollen. Mit Puderzucker bestäuben und nach Belieben mit Orangensegmenten dekorieren. Zum Servieren in Scheiben schneiden.

Dieser Kuchen schmeckt am besten am Tag der Zubereitung, hält sich aber in einem gut verschlossenen Behälter im Kühlschrank bis zu 2 Tage.

BISCOTTI DA INZUPPO

Löffelbiskuits

Ich erinnere mich, dass wir als Kinder Kekse wie diese oft zum Frühstück oder nachmittags bekamen und sie in warme Milch oder *Caffè latte* tunkten. Normalerweise machte man sie einmal in der Woche selbst und bewahrte sie in einer Dose auf. Man brauchte nur einen Keks zum Eintunken, weil sie sehr intensiv schmeckten und gut sättigten, so waren sie ideal für den Start in den Tag. Als ich das Rezept für dieses Buch ausprobiert habe, fühlte ich mich in meine Kindheit versetzt und konnte es kaum erwarten, sie mit einem Milchkaffee zu genießen.

Ergibt 15 Stück

1 Pck. Backpulver
60 ml lauwarme Milch
180 g feiner Zucker, plus mehr zum Bestreuen
2 Bio-Eier (Größe M)
1 Prise Meersalz
Abrieb von 1 unbehandelten Bio-Zitrone
80 ml Olivenöl
550 g Mehl (Type 550 oder Type 00), gesiebt

Den Backofen auf 160 °C (Umluft) vorheizen. Ein Backblech mit Backpapier belegen.

Das Backpulver mit der warmen Milch verrühren und zur Seite stellen.

In einer großen Schüssel Zucker und Eier etwa 5 Minuten schaumig aufschlagen. Salz, Zitronenabrieb und Olivenöl unterrühren, dann nach und nach das gesiebte Mehl und das mit der Milch verrührte Backpulver unterarbeiten. Zu einem weichen Teig verrühren und diesen dann auf der Arbeitsfläche 10 Minuten kneten.

Den Teig zu einem 1 m langen, etwa 4 cm breiten Strang formen und in ca. 6,5 cm lange Stücke schneiden. Dabei sollten 15 Stücke entstehen. Jedes von Hand etwas flach drücken und die Enden abrunden.

Auf das vorbereitete Backbleck legen, mit etwas feinem Zucker bestreuen und 20 Minuten hellgold backen. Aus dem Ofen nehmen und auf dem Blech abkühlen lassen. Dann kalt servieren.

Diese Kekse halten sich in einer gut verschlossenen Dose bei Zimmertemperatur bis zu 1 Woche (wenn sie dann nicht weg sind!).

REGISTER

A

Acciughe in salsa verde 143
Acquasale 52
Adrianas Brotsuppe mit Kartoffeln, Rucola und Pancetta 49
al forno: Auberginen-Nudel-Auflauf 101
Gefüllte Ofentomaten 117
Polenta-Käse-Auflauf 18
Apfelkuchen 170
Apulischer Brotsalat 52
Artischocken: Kartoffel-Reis-Auflauf mit Artischocken 68
Auberginen: Auberginen mit Tomaten 125
Auberginen-Nudel-Auflauf 101
Kleine Auberginen-Bratlinge 131
Schoko-Auberginen 180
Aufläufe: Auberginen-Nudel-Auflauf 101
Fisch und Kartoffeln aus dem Ofen 159
Kartoffel-Reis-Auflauf mit Artischocken 68
Kartoffelauflauf mit Oregano 67
Kürbis-Parmigiana 126
Nudelauflauf mit Blumenkohl 104
Polenta-Käse-Auflauf 18
Reisauflauf 14
Zucchini-Ricotta-Auflauf 123

B

Biscotti da inzuppo 186
Blumenkohl: Blumenkohl-Bratlinge 132
Blumenkohlsalat 135
Nudelauflauf mit Blumenkohl 104
Blumenkohlsalat 135
Bohnen: Cannellini-Bohnen in Tomatensauce 37
Dicke-Bohnen-Mus mit Blattgemüse 38
Dicke-Bohnen-Suppe 34
Kutteln mit Bohnen 149
Ligurische Dinkel-Bohnen-Suppe 17
Pasta mit Bohnen aus Ciociara 102
Polenta mit Bohnen 20
Toskanische Bohnensuppe mit Brot 30
Bollito di manzo e pastina in brodo 154
Braciole di uova in pomodoro 77
Bratkartoffeln auf kalabrische Art 65
Brodo di pollo 156
Brokkoli: Dinkelsalat 23
Lasagne mit Salsiccia und Brokkoli 106
Orecchiette mit Brokkoli 95
Brot (Hauptzutat): Adrianas Brotsuppe mit Kartoffeln, Rucola und Pancetta 49
Apulischer Brotsalat 52
Brotnudeln in Brühe 45
Mozzarella-Sandwich 46
Rindfleischbällchen 148
Schokoladen-Brotkuchen 169
Spinatknödel 50
Tomaten-Brotsuppe 51
Toskanische Bohnensuppe mit Brot 30
Brühe: Brotnudeln in Brühe 45
Gekochtes Rindfleisch mit Nudeln in Brühe 154
Hühnerbrühe 156
Buchweizen-Pfannkuchen mit Käse 12

C

Calzagatti 20
Canederli agli spinaci 50
Cannellini all'uccelletto 37
Cannellini-Bohnen in Tomatensauce 37
Champignons: Bratkartoffeln auf kalabrische Art 65
Chicorée-Salat 129
Chisciol 12
Cipolle ripiene 119
Crespelle al prosciutto e formaggio 79

D

Dicke-Bohnen-Mus mit Blattgemüse 38
Dicke-Bohnen-Suppe 34
Dinkel: Dinkelsalat 23
Kichererbsen-Fritter mit Dinkel 27
Ligurische Dinkel-Bohnen-Suppe 17

E

Eier (Hauptzutat): Eier-Parmesan-Gnocchi 80
Frittata mit Zucchini und Käse 75
Gefüllte frittierte Eier 72
Hackbraten mit Eiern, Schinken, Provolone und kleinen Röstkartoffeln 152
Herzhafte Pfannkuchen mit Schinken und Käse 79
Käse-Eier-Bällchen 76
Omelett-Röllchen in Tomatensauce 77
Zwiebelgemüse mit Eiern 134
Erbsen: Nudeln mit cremiger Erbsensauce 109
Reisauflauf 14
Sardische Fleischtörtchen 160

F

Farinella 27
Fave e cicoria 38
Fisch und Kartoffeln aus dem Ofen 159
Fisch: Blumenkohlsalat 135
Chicorée-Salat 129
Fisch und Kartoffeln aus dem Ofen 159
Gefüllte Zucchini 118
Lammeintopf 150
Linguine mit Tomaten, Kapern und schwarzen Oliven 90
Makrele in Pizzaiola-Sauce 138
Marinierte frittierte Sardinen 141
Nudeln mit Kastanien und Kichererbsen 105
Orecchiette mit Brokkoli 95
Sardellen in Salsa verde 143
Spaghetti mit Sardellen und Semmelbröseln 93
Zwiebel-Oliven-Tarte 42
Friccò di pollo all'arrabbiata 147
Frittata mit Zucchini und Käse 75

Frittelle di cavolfiore 132
Frittelle di ricotta 183

G
Gattò di patate napoletano 62
Gefüllte frittierte Eier 72
Gefüllte Ofentomaten 117
Gefüllte Paprika 114
Gefüllte Zucchini 118
Gefüllte Zwiebeln 119
Gefüllter Wirsing 121
Gekochtes Rindfleisch mit Nudeln in Brühe 154
Gnocchi alla gratirouela 80
Gnocchi alla romana 26
Gnocchi: Eier-Parmesan-Gnocchi 80
Überbackene Grießgnocchi 26
Gnocco fritto 56
Grieß: Neapolitanischer Grießkuchen 173
Überbackene Grießgnocchi 26

H
Hackbraten mit Eiern, Schinken, Provolone und kleinen Röstkartoffeln 152
Hähnchen: Hähnchen in scharfer Tomatensauce 147
Hähnchen mit Essig und Minze 157
Hühnerbrühe 156
Herzhafte Pfannkuchen mit Schinken und Käse 79
Hühnerbrühe 156
I
In Zwiebeln geschmorte Schweineröllchen 144
Insalata di cuore di cicoria 129
Insalata di farro 23
Insalata di rinforzo 135
Involtini alla genovese 144

K
Kapern: Auberginen mit Tomaten 125
Gefüllte Zucchini 118
Linguine mit Tomaten, Kapern und schwarzen Oliven 90
Makrele in Pizzaiola-Sauce 138
Zwiebel-Oliven-Tarte 42
Kartoffeln: Adrianas Brotsuppe mit Kartoffeln, Rucola und Pancetta 49
Bratkartoffeln auf kalabrische Art 65
Fisch und Kartoffeln aus dem Ofen 159
Hackbraten mit Eiern, Schinken, Provolone und kleinen Röstkartoffeln 152
Kartoffel-Reis-Auflauf mit Artischocken 68
Kartoffelauflauf mit Oregano 67
Kartoffeln in Tomatensauce 66
Lammeintopf 150
Neapolitanischer Kartoffelkuchen 62
Nudeln mit Kartoffeln 92
Sardische Fleischtörtchen 160
Spinat-Kartoffel-Tarte 60
Käse (Hauptzutat): Auberginen-Nudel-Auflauf 101
Buchweizen-Pfannkuchen mit Käse 12
Eier-Parmesan-Gnocchi 80
Frittata mit Zucchini und Käse 75
Frittierte Pizzataschen 55
Gefüllte Ofentomaten 117
Hackbraten mit Eiern, Schinken, Provolone und kleinen Röstkartoffeln 152
Herzhafte Pfannkuchen mit Schinken und Käse 79
Käse-Eier-Bällchen 76
Kleine Ricotta-Krapfen 183
Kürbis-Parmigiana 126
Kürbisrisotto 24
Mit Mangold gefüllte Tortelli 96
Mozzarella-Sandwich 46
Neapolitanische Pasta mit Tomaten und Käse 89
Neapolitanischer Grießkuchen 173
Neapolitanischer Kartoffelkuchen 62
Nudelauflauf mit Blumenkohl 104
Nudeln mit Kartoffeln 92
Pfirsichkuchen mit Streuseln 174
Polenta-Käse-Auflauf 18
Reisauflauf 14
Sardische süße Ravioli 179
Spinat-Kartoffel-Tarte 60
Süße Kürbisrolle 184
Überbackene Grießgnocchi 26
Zucchini-Ricotta-Auflauf 123
Kastanien: Nudeln mit Kastanien und Kichererbsen 105
Süße Kastanientörtchen 176
Kichererbsen: Kichererbsen-Fritter mit Dinkel 27
Ligurische Dinkel-Bohnen-Suppe 17
Nudeln mit Kastanien und Kichererbsen 105
Sizilianische Kichererbsenschnitten 32
Kleine Auberginen-Bratlinge 131
Kleine Ricotta-Krapfen 183
Klöße: Frittierte Hefeklöße 56
Spinatknödel 50
Überbackene Grießgnocchi 26
Knödel siehe *Klöße*
Krapfen: Kleine Ricotta-Krapfen 183
Kuchen: Apfelkuchen 170
Neapolitanischer Grießkuchen 173
Neapolitanischer Kartoffelkuchen 62
Pfirsichkuchen mit Streuseln 174
Schokoladen-Brotkuchen 169
Süße Kürbisrolle 184
Kürbis: Kürbis-Parmigiana 126
Kürbisrisotto 24
Süße Kürbisrolle 184
Kutteln mit Bohnen 149

L
La cipollata con le uova 134
Lammfleisch: Lammeintopf 150
Sardische Fleischtörtchen 160
Lasagne con salsiccia e broccoli 106
Lasagne mit Salsiccia und Brokkoli 106
Ligurische Dinkel-Bohnen-Suppe 17
Linguine alla puttanesca 90

Linguine mit Tomaten, Kapern und schwarzen Oliven 90
Linsen: Linsenragout 110
Linsensuppe 35
Reis mit Linsen 21

M
Macco di fave 34
Makrele in Pizzaiola-Sauce 138
Marinierte frittierte Sardinen 141
Melanzane al cioccolato 180
Melanzane spaccate 125
Merluzzo e patate al forno 159
Mesciua 17
Migliaccio napoletano 173
Mit Mangold gefüllte Tortelli 96
Mondeghili 148
Mozzarella in carrozza 46
Mozzarella: Auberginen-Nudel-Auflauf 101
Frittierte Pizzataschen 55
Gefüllte Ofentomaten 117
Herzhafte Pfannkuchen mit Schinken und Käse 79
Kürbis-Parmigiana 126
Mozzarella-Sandwich 46
Neapolitanischer Kartoffelkuchen 62
Nudelauflauf mit Blumenkohl 104
Reisauflauf 14

N
Neapolitanische Pasta mit Tomaten und Käse 89
Neapolitanischer Grießkuchen 173
Neapolitanischer Kartoffelkuchen 62
Nudelauflauf mit Blumenkohl 104
Nudeln mit cremiger Erbsensauce 109
Nudeln mit Kartoffeln 92
Nudeln mit Kastanien und Kichererbsen 105

O
Oliven: Auberginen mit Tomaten 125
Blumenkohlsalat 135
Gefüllte Zucchini 118
Linguine mit Tomaten, Kapern und schwarzen Oliven 90
Makrele in Pizzaiola-Sauce 138
Zwiebel-Oliven-Tarte 42
Omelett-Röllchen in Tomatensauce 77
Orecchiette con broccoli 95
Orecchiette mit Brokkoli 95

P
Pallotte cacio e uova 76
Panadine sarde 160
Pancetta: Adrianas Brotsuppe mit Kartoffeln, Rucola und Pancetta 49
Gefüllte Paprika 114
Kutteln mit Bohnen 149
Nudeln mit cremiger Erbsensauce 109
Nudeln mit Kartoffeln 92
Pasta mit Bohnen aus Ciociara 102
Reis mit Linsen 21
Spinat-Kartoffel-Tarte 60
Pane cotto con patate di Adriana 49
Panelle 32
Pappa al pomodoro 51
Paprika: Blumenkohlsalat 135
Dinkelsalat 23
Gefüllte Paprika 114
Parmigiana di zucca 126
Parmigiana: Kürbis-Parmigiana 126
Passatelli in brodo 45
Pasta al cavolfiore al forno 104
Pasta al forno con melanzane 101
Pasta allo scarpariello 89
Pasta aus Lunigiana 86
Pasta con le castagne e ceci 105
Pasta e patate 92
Pasta e piselli cremosi 109
Pasta: Auberginen-Nudel-Auflauf 101
Brotnudeln in Brühe 45
Gekochtes Rindfleisch mit Nudeln in Brühe 154
Lasagne mit Salsiccia und Brokkoli 106
Linguine mit Tomaten, Kapern und schwarzen Oliven 90
Linsenragout 110
Mit Mangold gefüllte Tortelli 96
Neapolitanische Pasta mit Tomaten und Käse 89
Nudelauflauf mit Blumenkohl 104
Nudeln mit cremiger Erbsensauce 109
Nudeln mit Kartoffeln 92
Nudeln mit Kastanien und Kichererbsen 105
Orecchiette mit Brokkoli 95
Pasta aus Lunigiana 86
Pasta mit Bohnen aus Ciociara 102
Sardische süße Ravioli 179
Spaghetti mit Sardellen und Semmelbröseln 93
Pasticcini di castagne 176
Patate 'mpacchiuse calabrese 65
Patate arraganate 67
Patate in umido al pomodoro 66
Peperoni ripieni 114
Pesto: Pasta aus Lunigiana
Pfannkuchen: Buchweizen-Pfannkuchen mit Käse 12
Herzhafte Pfannkuchen mit Schinken und Käse 79
Pfirsichkuchen mit Streuseln 174
Pizza fritta 55
Polenta con costine di maiale 164
Polenta concia al forno 18
Polenta: Polenta mit Bohnen 20
Polenta-Käse-Auflauf 18
Spareribs mit Polenta 164
Pollo in scapece 157
Polpette di melanzane 131
Polpettone con uova, prosciutto e provolone con patate arrosto 152
Pomodori ripieni al forno 117
Provolone:
Dinkelsalat 23
Gefüllte Paprika 114
Hackbraten mit Eiern, Schinken, Provolone und kleinen Röstkartoffeln 152
Spinat-Kartoffel-Tarte 60

R
Ragù di lenticchie 110
Ragù di stinco di maiale 163
Reis: Kartoffel-Reis-Auflauf mit Artischocken 68
Kürbisrisotto 24
Reis mit Linsen 21
Reisauflauf 14
Ribollita 30
Ricotta: Frittierte Pizzataschen 55
Herzhafte Pfannkuchen mit Schinken und Käse 79
Kleine Ricotta-Krapfen 183
Mit Mangold gefüllte Tortelli 96
Neapolitanischer Grießkuchen 173
Pfirsichkuchen mit Streuseln 174

Süße Kürbisrolle 184
Zucchini-Ricotta-Auflauf 123
Rindfleisch: Gekochtes Rindfleisch mit Nudeln in Brühe 154
Kutteln mit Bohnen 149
Reisauflauf 14
Rindfleischbällchen 148
ripieni: Gefüllte Ofentomaten 117
Gefüllte Paprika 114
Gefüllte Zucchini 118
Gefüllte Zwiebeln 119
Gefüllter Wirsing 121
Riso e lenticchie 21
Risotto alla zucca 24
Risotto: Kürbisrisotto 24
Rotolo dolce di zucca 184

S
Sagne e fagioli alla ciociara 102
Salate: Apulischer Brotsalat 52
Blumenkohlsalat 135
Chicorée-Salat 129
Dinkelsalat 23
Salsiccia: Lasagne mit Salsiccia und Brokkoli 106
Sardellen in Salsa verde 143
Sardine marinate e fritte 141
Sardische Fleischtörtchen 160
Sardische süße Ravioli 179
Sbriciolata di pesche 174
Scarpaccia viareggina 172
Scamorza: Frittata mit Zucchini und Käse 75
Neapolitanischer Kartoffelkuchen 62
Nudeln mit Kartoffeln 92
Zwiebel-Oliven-Tarte 42
Schoko-Auberginen 180
Schokoladen-Brotkuchen 169
Schweinefleisch: Gefüllte Zwiebeln 119
Gefüllter Wirsing 121
Hackbraten mit Eiern, Schinken, Provolone und kleinen Röstkartoffeln 152
In Zwiebeln geschmorte Schweineröllchen 144
Schweinshaxe in Tomatensauce 163
Spareribs mit Polenta 164
Seadas 179
Sformato di zucchine 123
Sgombro alla pizzaiola 138
Sizilianische Kichererbsenschnitten 32
Spaghetti ammuddicata 93
Spaghetti mit Sardellen und Semmelbröseln 93
Spareribs mit Polenta 164
Spezzatino di collo d'agnello 150
Spinat-Kartoffel-Tarte 60
Spinatknödel 50
Suppen: Adrianas Brotsuppe mit Kartoffeln, Rucola und Pancetta 49
Brotnudeln in Brühe 45
Dicke-Bohnen-Suppe 34
Gekochtes Rindfleisch mit Nudeln in Brühe 154
Hühnerbrühe 156
Ligurische Dinkel-Bohnen-Suppe 17
Linsensuppe 35
Tomaten-Brotsuppe 51
Toskanische Bohnensuppe mit Brot 30
Süße Kastanientörtchen 176
Süße Kürbisrolle 184

T
Tartes: Spinat-Kartoffel-Tarte 60
Zucchini-Tarte 172
Zwiebel-Oliven-Tarte 42
Testaroli 86
Thunfisch: Gefüllte Zucchini 118
Tiella di patate, riso e carciofi 68
Timballo di riso 14
Tomaten (Hauptzutat): Auberginen mit Tomaten 125
Auberginen-Nudel-Auflauf 101
Cannellini-Bohnen in Tomatensauce 37
Eier-Parmesan-Gnocchi 80
Fisch und Kartoffeln aus dem Ofen 159
Gefüllte Ofentomaten 117
Gefüllter Wirsing 121
Hähnchen in scharfer Tomatensauce 147
Kartoffeln in Tomatensauce 66
Käse-Eier-Bällchen 76
Kürbis-Parmigiana 126
Kutteln mit Bohnen 149
Linguine mit Tomaten, Kapern und schwarzen Oliven 90
Makrele in Pizzaiola-Sauce 138
Neapolitanische Pasta mit Tomaten und Käse 89
Omelett-Röllchen in Tomatensauce 77
Schweinshaxe in Tomatensauce 163
Spareribs mit Polenta 164
Tomaten-Brotsuppe 51
Torta di frittata al forno con zucchine e scamorza 75
Torta di mele 170
Torta di pane al cioccolato 169
Torta salata di spinaci e patate 60
Torta salata pugliese 42
Törtchen: Sardische Fleischtörtchen 160
Süße Kastanientörtchen 176
Tortelli al magro 96
Toskanische Bohnensuppe mit Brot 31
Trippa con fagioli 149

U
Überbackene Grießgnocchi 26
Uova alla monachina 72

V
Verza ripiena 121

Z
Zucchine ripiene 118
Zucchini: Frittata mit Zucchini und Käse 75
Gefüllte Zucchini 118
Zucchini-Ricotta-Auflauf 123
Zucchini-Tarte 172
Zuppa di lenticchie 35
Zwiebeln (Hauptzutat): Apulischer Brotsalat 52
Bratkartoffeln auf kalabrische Art 65
Gefüllte Zwiebeln 119
In Zwiebeln geschmorte Schweineröllchen 144
Zwiebel-Oliven-Tarte 42
Zwiebelgemüse mit Eiern 134

DANK

Liz Przybylski für das Schreiben und die Organisation.

Adriana Contaldo für das Testen der Rezepte und die Zubereitung für die Fotos.

David Loftus für die rundum fantastischen Fotos.

Pip Spence für das schöne Foodstyling.

Laura Russell für ihre ganze Hilfe beim Anrichten.

Ellen Simmons für die Begleitung während der ganzen Zeit und die Erledigung des Abwasches während des Fotoshootings!

Sophie Allen, Cara Armstrong, Stephanie Milner bei Pavilion.

Zubereitungshinweise

Löffelmaßangaben: Falls nicht anders angeführt, sind stets gestrichene Löffel gemeint. EL und TL sind Abkürzungen für Esslöffel und Teelöffel.

Backofen: Der Ofen sollte stets auf die angegebene Temperatur vorgeheizt werden. Die angegebenen Temperaturen gelten für konventionelle Backöfen mit Umluft. Beim Backen und Garen mit Ober-/Unterhitze muss die Temperatur jeweils um etwa 20 °C erhöht werden. Backen und garen Sie stets in der Ofenmitte.

Hygiene: Achten Sie bei der Zubereitung von rohem Fleisch auf peinliche Hygiene. Waschen Sie benutzte Schneidebretter, Messer, Arbeitsflächen und Ihre Hände nach Gebrauch sorgfältig heiß ab. Fleisch und Gemüse nie auf demselben Schneidebrett verarbeiten. Fleisch sollte vor der Zubereitung immer trocken getupft werden.

Obst und Gemüse vor der Verarbeitung immer waschen, putzen oder bei Bedarf schälen.

Deutsche Erstausgabe
3. Auflage 2025

GmbH & Co. KG, Bauhof 1, 90556 Cadolzburg
www.arsvivendi.com
info@arsvivendiverlag.de

Deutsche Übersetzung: Dr. Katrin Korch
Lektorat: Annerose Sieck
Korrektorat: Denise Maurer
Satz: Christine Richert
Umschlag: ars vivendi

ISBN 978-3-7472-0452-8
Printed in Malaysia

Originally published in English by
HarperCollinsPublishers Ltd under the title:
Gennaro's Cucina: Hearty money-saving meals from an Italian kitchen

Written by Gennaro Contaldo
Photography by David Loftus